Christine Arana Fader

DRACHEN WEISHEIT

Kraftvolle Gefährten für den spirituellen Weg

BEGLEITBUCH

Schirner Verlag

Wir verzichten auf das Einschweißen unserer Kartensets – **UNSERER UMWELT ZULIEBE!**

Christine Arana Fader
Drachenweisheit
Kraftvolle Gefährten für den spirituellen Weg

ISBN 978-3-8434-9054-2

6. Auflage Februar 2023

Schachtel: Simone Fleck, Schirner, unter Verwendung von #57586834 (©nj_musik), #52670792 (©JohanSwanepoel), www.fotolia.de
Illustrationen: Anja Kostka
Satz der Karten und des Begleitbuchs: Simone Fleck, Schirner, unter Verwendung von # 128580509 (©Seamartini Graphics), # 103444460 (©A-R-T), www.shutterstock.com, und #39829964 (©Tryfonov), www.fotolia.de
Redaktion: Kerstin Noack, Schirner
Printed and bound by: Ren Medien GmbH, Germany

www.schirner.com

Inhaltsverzeichnis

VORWORT

Als ich in diesem Leben das erste Mal tief in die Augen eines Drachen blickte, berührte mich das so sehr, dass ich weinen musste und auf die Knie niedersank, denn ich sah die unendliche Liebe der göttlichen Quelle darin. Drachen sind Weggefährten, sie sind Seelenbegleiter und weise Lehrer. Ihre Liebe und Treue berühren mich tief in meinem Herzen. Die Drachen schenken uns Kraft und hüllen uns in einen Hauch von Magie ein. Verbinde dich mit den Drachen, und ein Funke ihrer Unbesiegbarkeit wird auf dich überspringen
Die Drachen und die Drachenreiter, das sind die Menschen, die Ja zu dieser wundervollen Energie sagen, kommen zurück. Vielleicht denkst du jetzt, dass dies doch nur Legenden sind. Ja, es sind Legenden, doch wer sagt, dass Legenden nicht wahr sind? Wir Menschen haben uns schon oft geirrt. Wir halten etwas für wahr, und dann stellt sich heraus, dass die Wahrheit ganz anders aussieht. Wir halten uns für so überlegen, für so wissend – glaube mir: Wir wissen nur sehr wenig. Es liegt an uns, ob Legenden wahr werden! Es liegt an dir, ob du zum Helden deiner Legende, deiner Geschichte, deines Lebens wirst. Mit den Drachen kehren unsere alten Werte zurück: Werte wie Mut, Loyalität,

echte Freundschaft, das Gefühl, Gefährten zu haben, zu wissen, ich bin nicht alleine. Höre den Ruf der Drachen, und nimm ihre Weisheit tief in dein Herz auf.
Ich wünsche dir mit diesem Kartenset einen magischen und befreienden Ritt.

Arana

Die Anwendung der Karten

In diesem Kartenset mit 43 Karten findest du Übungen, die dich zu dir selbst führen, zu deinem eigenen Sein. Du wirst keine großen »Geschenke« erhalten, wenn du eine Karte nach der anderen ziehst und die Texte nur kurz überfliegst. Die göttliche Quelle ist großzügig mit »Geschenken«, wenn du bereit bist – bereit für Erkenntnis, Wissen und Weisheit. Nun bitte ich dich, nimm dir Zeit. Sei es dir wert, innezuhalten, um in dir selbst deine Weisheit zu finden, sie reifen zu lassen und am Ende über dich selbst hinauszuwachsen.
Nimm den Kartenstapel mit deiner rechten Hand, und lege ihn an dein Herz, öffne deine linke Hand, die Innen-

fläche zeigt nach oben, und sprich laut und mit offenem Herzen dreimal die Worte: »Ich bin bereit.« Mische die Karten, und blicke dabei intensiv auf sie. Während du mischst, entscheidest du, ob du eine Karte aus dem Stapel ziehst oder ob du dir von der Geistigen Welt eine Zahl zwischen 1 und 43 zeigen lässt. Beende das Mischen, wenn du ziehen möchtest. Breite dafür die Karten vor dir aus, lege deine rechte Hand auf dein Herz, und ziehe mit der linken Hand. Wenn du eine Zahl empfangen hast, zähle von dem Stapel in deiner Hand einfach von oben herunter. Halte die Karte, ohne sie anzuschauen, an dein Herz, und sage erneut dreimal: »Ich bin bereit.« Spüre in dein Herz, lasse dir Zeit. Schaue dir zuerst das Bild an, und lies anschließend den dazugehörigen Text. Dann wiederhole beides erneut. Arbeite mit der jeweiligen Karte, und gehe mit offenem Herzen den Weg des Drachen!

In meinem Herzen schwingt ein Wunsch, dieser Wunsch ist so alt wie meine Seele selbst: Es mögen alle Wesen frei sein, ein Leben in Frieden, Harmonie und in Liebe führen. Die Erfüllung dieses Wunsches beginnt in euren und in meinem Herzen. Wenn dort Friede, Harmonie und Liebe ist, dann ist die ganze Welt in Frieden, Harmonie und Liebe. Möge dieses Kartenset einen kleinen Beitrag dazu leisten, so sei es!

ANGST

Der rote Feuerdrache möchte dich lehren, dass Fühlen und Empfinden Formen des intuitiven Wissens sind. Wenn deine Gefühle durch vergangenes Leid, Schmerz, Missbrauch oder Ängste blockiert oder verschüttet sind, ist auch der Zugang zu deiner inneren Weisheit versperrt. Bitte den roten Feuerdrachen darum, dich von all deinen negativen Erfahrungen und deren kristallinen Strukturen in dir zu befreien. Oft sitzen diese Strukturen im Rücken und verursachen Schmerz und Unbeweglichkeit. Ab und an stören sie auch den harmonischen Energiefluss in unseren Organen. Dort, wo Angst ist, kann keine Liebe sein.

Meditation: Zünde mindestens eine weiße Kerze an, und lege ruhige Musik ohne Gesang auf. Schließe die Augen, und rufe mit deiner inneren Stimme den alten, roten Feuerdrachen zur dir. Er möge sich in deinem Raum zeigen. Bitte ihn um die Macht des Elements Feuer. Setze dich dann auf seinen Rücken. Er fliegt mit dir in das Innere der Erde. Öffne all deine Kanäle, und gleite durch das Magma, das Blut von Lady Gaia. So erfährst du tiefe Reinigung auf allen Ebenen. Alle Ketten, die deine Macht klein halten, müssen diesem Feuer weichen. Alles, was deinen freien Willen einsperrt, verbrennt. Alles, was da Angst heißt, löst sich auf, jeder Zweifel in dir stirbt. Gib dich dem Magma hin, und spüre, wie wohl es deinem Körper tut, wie es dich entspannt. Sieh, wie das Magma dich trägt und hält. Sieh, wie du dich mit dem Magma vereinst, wie es dich durchdringt und alle kristallinen Strukturen, die dir nicht mehr dienlich sind, verbrennt. Spüre, wie sich eine neue, befreite, belebende Energie in dir manifestiert. Der Drache hat dich in das Herz der großen Mutter gebracht, die dich trägt und nährt, jeden Tag. Spüre die große Liebe von Lady Gaia, und lasse dich davon durchfluten. Bade im heißen roten Magma.

Der alte, rote Feuerdrache setzt dich anschließend auf seinen Rücken und bringt dich zurück in deinen Raum. Nun nimm einen tiefen Atemzug, und öffne deine Augen. Im Hier und Jetzt sprich dreimal laut den Satz: »Mögen alle Wesen glücklich und frei von Angst sein.« Dieser Satz möge dich begleiten bis ans Ende aller Tage. Mache diese Meditation insgesamt sieben Mal an aufeinanderfolgenden Tagen immer zur gleichen Uhrzeit.

ARTUS

Menschen, die unsere Geschichte beeinflusst und große Taten vollbracht haben, leben in unseren Herzen, in unseren Legenden weiter. Es gibt keinen Beweis dafür, dass König Artus je wirklich gelebt hat, aber das spielt keine Rolle, denn er lebt in uns. Legenden von Helden hinterlassen einen Samen in unseren Herzen, einen Samen von Mut, Freiheit und Gerechtigkeit, und du ganz allein entscheidest, ob dieser Samen aufgeht. Entscheide dich jetzt dafür, an diese Helden zu glauben, und sie werden zum Leben erwachen, in dir – in deinem Herzen.

König Artus wurde von einem großen, alten Feuerdrachen begleitet. Zusammen schützten sie das Land und die Menschen. Er herrschte mit seinem Herzen und im Einklang mit der großen Mutter. Sein Auftrag war die Liebe. Werde zum Helden oder zur Heldin in deinem Leben. Du bist der Drachenreiter/die Drachenreiterin, den/die die Welt braucht. Mit dir kommen unsere alten

Werte wieder zurück. Werte wie Mut, Freundschaft, Loyalität, Toleranz, Liebe, Hingabe und Begeisterung. Es ist so gut, dass du hier bist.

AUSDRUCK

Es ist an der Zeit, dass du die Bühne einnimmst, die für dich gedacht ist. Kommunikation will dieser anmutige Drache dich lehren, das Sprechen vor Gruppen oder eine andere Form des Ausdrucks, möglicherweise Malen oder Singen. Der Drache hat etwas Sprudelndes, Lebensfrohes in seinem Wesen. Er fordert dich auf, zu tanzen, er fordert dich auf, den dir angemessenen Ausdruck zu finden.

Überlege dir, welche Form des Ausdrucks dir am meisten liegt, und folge diesem Impuls! Mache einen Malkurs, nimm Rhetorikunterricht, oder fange an, ein Buch zu schreiben. Beginne jetzt, verschiebe es nicht auf später. Drücke dich aus, und spüre die Kraft und die Freude, die darin liegen. Wenn Unsicherheiten aufkeimen möchten, dann visualisiere, dass der türkisfarbene Drache hinter dir steht, leuchtend und wunderschön, er wird all diese unliebsamen Gefühle einfach auslöschen. Schreite voran, schreite zur Tat!

AVALON

Ziehst du diese Karte, dann will eine hohe magische Energie in dir erwachen. Der Monddrache weckt die Priesterin oder den Magier in dir. Er reist mit dir auf die Apfelinsel – nach Avalon. Folge diesem wunderschönen, silbernen Drachen in die Welt deiner Ahnen. Lasse dich von ihm führen. Blicke auf die lange Reihe deiner Vorfahren, auf deine vergangenen Priesterschaften, auf die Magier und Schamanen. Erkenne die Wesen, die hinter dir stehen, die Wesen, die du in der Vergangenheit gewesen bist. Nimm den Zauber und das Wissen tief in dein Herz auf, und sprich wie einst voller Weisheit und Milde zu den Menschen, die derer bedürfen.

Die Ritter der Tafelrunde waren alle mit der Kraft der Drachen verbunden. Sie brachten den schwer verwundeten König Artus aus seiner letzten Schlacht nach Avalon. Doch trotz hoher Heilkunst konnten die Priesterinnen von Avalon sein Leben nicht retten. Mit diesem großen König starb eine Hoffnung – die Hoffnung, der Herrschaft der Angst Einhalt zu gebieten. Seither sind viele hundert Jahre vergangen. Jetzt ist die Hoffnung erneut erwacht.

Ritter, Magier und Priesterinnen kamen einst, um ihrem geliebten König auf der Insel der Priesterinnen die letzte Ehre zu erweisen. Sie ließen ein Pfand auf seinem Grabhügel zurück. Du warst damals dabei, das Pfand soll dich daran erinnern. Hole es dir zurück.

Meditation: Zünde eine blaue und zwei weiße Kerzen an, lege ruhige Musik ohne Gesang auf, lege dich hin, und schließe die Augen. Nun rufe den silbernen Monddrachen. Visualisiere, wie er in deinem Raum erscheint, und setze dich auf seinen Rücken. Bitte ihn, dich zu Artus´ Grabhügel zu bringen. Und höre, wie der Drache zu dir spricht: »Mache dich bereit für eine Reise jenseits von Zeit und Raum.«

Blitzschnell fliegt er mit dir in die Höhe. Ihr durchquert einen Energietunnel und landet sanft vor dem Grabhügel von Artus. Du bist auf Avalon. Artus´ Grab ist noch frisch. Es befindet sich unter einem sehr alten, blühenden Kirschbaum. Tritt vor das Grab, und sieh, was darauf liegt. Es ist etwas, was du damals selbst dort zurückgelassen hast. Nimm dieses Pfand zurück. Knie nieder vor dem Grab deines Königs, der dein Herz einst so tief berührt hat. Jetzt schau dir das Pfand an, und gib es dorthin, wohin es gehört. Integriere es in dein System. Spüre die Schwingung, die es auslöst, spüre die magische Kraft darin. Erhebe dich, und gehe zu dem wunderschönen Monddrachen. Er wird dich in deine Zeit zurückbringen. Lausche zum Abschied seinen sanften Worten: »Es ist gut, dass du wieder da bist.«

BOTSCHAFT

Einst gab es eine Zeit, da waren die Schleier dünn und konnten von den weisen Männern und Frauen unter unseren Vorfahren durchschritten werden. Diese waren in der Lage, zu den Völkern der Elben zu reisen, um von dort die heiligen Schwerter zu holen oder die Priester der Elben um Rat zu bitten. Die Elben besitzen die Gabe der Voraussicht, sie blicken in die Zukunft.

Diese Karte zu ziehen, ist eine große Ehre. Unsere heutige Zeit ist im Wandel, die Schleier werden wieder lichter. Begib dich auf eine Reise zu den Elben. Mache sie nur einmal, und überlege dir einen Ausgleich dafür, als Dankeschön für die Elben. Wisse: Eine hier in unserer Welt vollbrachte gute Tat wird in der Welt der Elben gesehen und hoch angerechnet. Vielleicht gibst du einem Bedürftigen einen Geldschein oder spende etwas für einen guten Zweck.

Nun zur Reise: Bereite dich gut vor. Überlege, wann du diese Reise machen möchtest und was du anziehen wirst. Dusche vorher, mache daraus eine rituelle Waschung. Lasse mit dem Wasser alle Gedanken und Sorgen von dir abfließen. Zünde anschließend Kerzen an, und lasse leise Musik laufen. Male einen Davidstern auf ein großes Blatt Papier, oder lege ihn dir aus Steinen in deinem Raum. Setze dich auf den Stern bzw. in ihn hinein. Nimm diese Karte, eine kleine Schale mit Quellwasser und eine kleine Handvoll getrocknete oder frische Goldkamille mit in den Stern. Quellwasser kann man auch im Getränkemarkt kaufen und Goldkamille – es wird im Volksmund auch Mutterkraut genannt – bekommt man als Tee am besten in der Apotheke. Atme ruhig ein und aus, während du die Karte anschaust. Sprich dreimal das Wort »Nemeton« aus. Damit segnest du den Platz, auf dem du sitzt, und gibst ihm eine besondere Kraft. Halte nun deine Hand über die kleine Schale mit Wasser. Lasse Licht aus deiner Hand in das Wasser fließen, sprich dabei: »Die Energie der Drachenkönigin Alba ist in diesem Wasser.« Streue die Goldkamille hinein. Lege anschließend eine Hand auf dein Herz, und rühre mit der anderen Hand das Wasser um, schaue dabei immer die Karte an. Dann rufe Landa, den Elben. Sage ihm, dass du bereit bist, seine Botschaft jetzt zu empfangen. Lasse eine Hand auf deinem Herzen und die andere im Wasser. Spüre tief in dein Herz hinein. Dort ist der Ort, an dem du die Antwort hören oder sie ganz einfach wissen wirst. Wiederhole ab und an mit deiner inneren Stimme: »Ich bin, der/die ich bin und schon immer war.« Spüre die Präsenz der Elben, folge Landa in seine Welt und höre die Worte, die er spricht. Verweile in der friedvollen Energie der Elben bis deine Musik zu Ende ist, dann kehre mit diesem Frieden in deinem Herzen zurück. Es ist schön, solche Erlebnisse aufzuschreiben. Dann kannst du sie in den nächsten Tagen lesen, damit die Botschaften sich tief in dein Herz legen können.

DANKBARKEIT

Die Dankbarkeit ist neben der Liebe die höchste Energie. Doch wir nutzen sie recht wenig. Tatsächlich sind wir kurz einmal dankbar, und dann beklagen wir uns wieder über dies und das. Tun wir dies, so befinden wir uns sogleich in einer entgegengesetzten Energie – wir sind undankbar. Der ein oder andere klagt, er habe nicht genug Geld. Das mag stimmen, doch es führt zugleich auf eine niedere Energie. Dieselbe Person könnte beispielsweise dankbar dafür sein, dass sie viel Freizeit hat oder dass sie gesund ist. Es gibt immer einen Grund, dankbar zu sein, denn dann schwingst du in einer höheren Energie.

Der weiße Licht- oder Kristalldrache möchte dich auf die Ebenen hoher Energie geleiten und so rufe dieses leuchtende, mächtige Wesen zu dir. Visualisiere diesen Drachen! Er wird für die kommenden vier Tage dein ständiger Begleiter sein. Wohin du auch gehst, er wird dich begleiten. Visualisiere das. Dies ist auch eine gute Übung für deine Aufmerksamkeit und Konzentration. Erzähle diesem wundervollen Wesen, wofür du dankbar bist. Ich beispielsweise bin dankbar für meine Eltern, für meine Großmutter, für meine Schwester, für meinen Drachen und für meine Freunde, die ich in solch einer Übung alle einzeln aufzähle. An jeden Einzelnen richte ich ein kleines Gebet des Dankes.

Nutze diese Zeit, bedanke dich, und bitte jedes Mal den weißen Licht- oder Kristalldrachen, dass er die Energie der Dankbarkeit zu den Personen oder Ereignissen bringen möge, an die du sie gerichtet hast. Spüre, wie sich dadurch deine eigene Energie mehr und mehr hebt. Spüre, wie dein Herz zu leuchten beginnt, es erstrahlt in Dankbarkeit und wird dadurch geheilt und frei.

DRACHEN-REITER

Was bedeutet es, ein Drachenreiter zu sein? Du bist ein Drachenreiter, ist dir das bewusst? Der Drache bringt viele verschiedene Energien in dein Leben, doch am allermeisten liegt ihm am Herzen, dir Freiheit zu bringen. Er möchte, dass du frei bist von Ängsten, denn sie hindert den Fluss der Liebe, am Fließen in deinem Leben. Hast du das alte Bündnis zwischen euren Herzen erneuert? Wenn ja, dann tu es erneut, auf dass eure Verbindung gestärkt sein möge. Wenn nicht, dann ist es jetzt an der Zeit, dies zu tun. Begib dich auf die folgende Trancereise. Bereite den Raum vor, indem du räucherst und einige Kerzen anzündest. Mache schöne Musik an. Lege dich hin, und visualisiere, dass du durch ein schönes Tal läufst. Gehe durch das grüne Tal und dann durch einen kühlen Wald. Dein Weg führt dich nach einer Weile zu einer hohen Felswand. Dort findest du eine Felsspalte, klettere sie hinauf. Du kommst auf ein Hochplateau, dort wirst du gleich deinen Drachen treffen, lasse dir Zeit, blicke hinunter in das Tal. Dein Drache wird sich dir von hinten nähern, spüre die Energie in deinem Rücken, seinen heißen Atem an deinem Hinterkopf. Er berührt dich leicht an deiner Schulter. Dies ist dein Zeichen. Drehe dich um, und schaue dir deinen Drachen ganz genau an. Sieh seine breite Brust, seinen mächtigen Kopf. Blicke tief in seine Augen, und erkenne die unendliche Liebe darin. Dann stelle dich vor ihn, und sieh, wie sich zwischen euren beiden Herzen eine silberne Lichtschnur bildet. Sieh, wie diese silberne Schnur der Liebe vom Drachenherz in dein Herz fließt und wie die silberne Schnur der Liebe von deinem Herzen in das Drachenherz fließt. Ein altes Bündnis wird erneuert, ein Bündnis der Liebe zwischen euren Herzen. Dieser Drache ist dein Seelengefährte. Sage ihm, dass du ihn liebst, das nährt ihn. Drachenreiter, mache dich bereit, ein Leben frei von Angst und faulen Kompromissen zu leben. Schaue, wo in deinem Leben es längst an der Zeit ist, Ängste zu überwinden. Gehe den goldenen Weg deiner Seele, dort findest du ungeahnte Schätze und die Freiheit. Gehe deinen Weg zusammen mit deinem Drachen, und werde zu dem/der, der/die du in Wahrheit bist und schon immer warst – ein göttliches Wesen, das menschliche Erfahrungen macht und einen Drachen reitet.

EINWEIHUNG

Die Königin aller Drachen ist weiß wie frisch gefallener Schnee. Ihre Schuppen sind über und über mit Diamanten besetzt, und sie funkelt und glitzert im Sonnenlicht. Mit ihrem langen, geschwungenen Hals, den goldenen Augen und dem schmalen Kopf ist sie wunderschön. Sie trägt die goldene Blume des Lebens als Krone auf ihrem Haupt und auf ihrer Brust ihr eigenes, hoch schwingendes Symbol, ein Herz im Herz mit einem sechszackigen Stern in der Mitte. Jedes Wesen, das der Drachenkönigin Alba gegenübertritt, verspürt eine große und tiefe Liebe, eine Liebe, die wir Menschen hier auf Erden vergessen haben, doch sie ist nicht verloren. Die Drachen bringen sie uns zurück.

Heute hast du die Karte »Einweihung« gezogen. Dies ist eine sehr bedeutende Karte für dich. Kein Mensch kann einen anderen Menschen einweihen, er kann lediglich einen Raum dafür öffnen. Die Energie der Einweihung kommt immer aus der Geistigen Welt.

Für deine Einweihung durch Königin Alba wirst du auf den nächsten Vollmond warten. Überlege dir, was du anziehen möchtest, um die Weihe zu empfangen. Reinige den Raum und deinen Körper, zünde weiße Kerzen an, und lasse ruhige Musik spielen. Lege einen Kreis aus Steinen auf den Boden. Nimm dazu Bergkristall, Rosenquarz und Amethyst, wenn du sie hast. Ziehe um diesen Kreis aus Steinen einen zweiten Kreis aus Salz, und setze dich in die Mitte. Schließe die Augen, und spüre eine Zeit lang, wie dein Atem ruhig hinein- und hinausfließt. Dann nimm einen tiefen Atemzug weißen Lichts in dein Herz auf und bilde daraus eine liegende Acht, lasse diese Acht in deinem Herzen schwingen und fließen. Nach einer Weile nimm einen Atemzug goldenen Lichts in dein Herz, lasse das Gold in die liegende Acht einfließen, und sieh mit deinem inneren Auge, wie eine weiß-goldene liegende Acht in deinem Herzen leuchtet und fließt. Dann zeichne mit deiner rechten Hand Albas Symbol, das Herz im Herz mit dem Davidstern im Zentrum, in die Luft, und lasse es wie aus goldenem Licht vor dir entstehen. Sprich laut: »Königin aller Drachen, wundervolle Alba, ich bin bereit, die Einweihung von dir zu empfangen.« Schaue auf das Symbol, das du soeben mit deiner Hand mit goldenem Licht geschrieben hast. Öffne dich, und empfange, was kommt. Nimm die Energie und das Symbol der Königin tief in dein Herz, und spüre, wie sich die Liebe in dir ausbreitet. Male das heilige Symbol der Drachenkönigin auf deinen Körper.

In den kommenden sieben Tagen ist es sehr wichtig, keine weiteren Übungen oder Meditationen zu machen. Beschäftige dich ausschließlich mit deiner Erdung, damit sich die hohen Energien gut verankern können. Ernähre dich gut und bewusst, am besten mit all dem Guten was aus der Erde kommt, wie Kartoffeln und Rüben. Gehe in den Wald, gehe tanzen, mache Sport oder Gartenarbeit. Tue, was auch immer gut für dich ist. Auch ein kleines Glas Rotwein ist durchaus geeignet, um sich zu erden.

ENTSCHEIDUNG

Eine Entscheidung will gefällt werden, schiebe sie nicht hinaus. Aufgeschobene Entscheidungen werden zu Eisenkugeln an unseren Fußgelenken. Rufe den alten braunen Baumdrachen zu dir, und bitte ihn um Hilfe. Dieser Drache schreitet mit langsamen Schritten auf dich zu. Sein Körper ist muskulös, seine Brust sehr breit und seine Klauen mehr als beeindruckend. Befreie dich von den Gedanken an Richtig und Falsch. Richtig und Falsch gibt es nicht, alles ist. Sage dem braunen Baumdrachen, welche Entscheidung du vor dir herschiebst, und bitte ihn um Unterstützung. Er öffnet sein Maul und haucht dich an, sein Atem umhüllt dich wie ein braun schimmernder, heller Nebel. Nimm das braun schimmernde Licht in tiefen Atemzügen in dein Herz auf, aber auch in deine beiden Gehirnhälften. Eine Entscheidung geht oft Hand in Hand mit einem Loslassen, und so lasse alles los, was dich daran hindert, diese Entscheidung zu treffen. Dies ist eine kurze Übung und du kannst sie überall durchführen. Mache die Übung drei Mal täglich an sieben aufeinanderfolgenden Tagen.

ERDKELCH

Alba, die Königin aller Drachen, ist weiß wie frisch gefallener Schnee, und ihre Schuppen sind mit tausenden funkelnden Diamanten besetzt. Sie ist die Hüterin der heiligen vier Kelche, die Hüterin der vier Elemente und des heiligen Raums der Taufe, in dem diese Kelche stehen. Du bist heute eingeladen, von der großen weißen Königin selbst, dich einer Taufe mit dem Element Erde zu unterziehen. Die Taufe ist ein Ritual, eine Neugeburt. Sie ist eine rituelle Reinigung. Die Taufe ist eine Schwelle zwischen dem alten und dem neuen Sein. Bereite dieses heilige Ritual vor, indem du dich wäschst und dir weiße Kleidung anziehst. Bereite deinen Raum vor. Zünde einige Kerzen an, und lege dir eine schöne Musik auf. Mache es dir bequem, lege die Karte auf dein

Herz, und schließe deine Augen. Dann visualisiere, wie du vor den großen Kelch trittst. Nimm dir Zeit. Stelle dich vor den heiligen Erdkelch und lege in deiner Vorstellung deine Kleidung ab.

Gehe drei Stufen hinauf, und lege dich in den Kelch. Bedecke dich mit der Heilerde, mit der der Kelch gefüllt ist. Nimm die Schwingungen der Erde über die Poren deiner Haut auf, und bitte den heiligen Erdkelch um Heilung, um göttliche Ordnung auf allen Ebenen. Dann lasse los. Du versinkst tief in der heiligen Erde, immer tiefer, lasse dich einfach fallen. Du sinkst tief hinab. Der Teil in dir, der dich an deinem persönlichen Aufstieg hindert, stirbt jetzt. Lasse diesen Teil tief unten im Erdkelch zurück. Nimm einen tiefen Atemzug, und tritt hervor aus dem Erdkelch als Wiederauferstandener/Wiederauferstandene, erwache zu neuem Licht.

ERNÄHRUNG

Dass unsere Ernährung wichtig ist, hast du sicher schon gehört. Wenn du diese Karte ziehst, dann solltest du über dieses Thema nachdenken. Falls du vegetarisch lebst, überprüfe, ob du alle wichtigen Nährstoffe zu dir nimmst. Lasse den Eisengehalt in deinem Blut und den Gehalt der wichtigsten Vitamine überprüfen. Stelle deine Ernährung für einen Monat um, versuche, lichtvolle Nahrung zu dir zu nehmen. Unterscheide zwischen Lebensmitteln und Nahrungsmitteln. Iss zu 50 % das, was noch Leben in sich trägt, wie z. B. frisches Obst oder Gemüse. Brot ist ein Nahrungsmittel, ein Apfel ist ein Lebensmittel. Beides ist wichtig, gib keine Wertung hinein. Iss in dieser Zeit viele Kräuter.

Du hast diese Karte gezogen, weil es für deinen Weg im Moment wichtig ist, kraftvoll, gesund und klar zu sein. Verbinde dich mit dem grünen Drachen, schaue ihn dir an und sage Danke, denn er achtet auf dich. Der grüne Drache möchte dir einige Plätze zeigen, an denen sehr hohe Schwingungen von heiligen Pflanzen ausgehen. Meditiere mit ihm, und lasse dir diese Orte zeigen. Es ist möglich, die Schwingung von wertvollen Kräutern über den Lichtkörper aufzunehmen. Reise mit einem lichtvollen Anteil von dir auf diesem wunderschönen Drachen zum Amazonasbecken und zu anderen Orten, an denen Zauberpflanzen wachsen. Gehe mit ihm aber auch in der Natur vor deiner Tür spazieren, und genieße die klare, wahrheitsbringende Schwingung, die er dir bringt.

FAMILIE

Wenn du diese Karte ziehst, dann bist du bereit, über deine Familie nachzudenken. Du sollst lernen, dass du Teil einer Familie bist, doch als Drachenreiter bist du auch Hohepriesterin oder Magier, und als solche oder solcher wählst du deine Familie selbst und lebst dein Leben in Eigenverantwortung. Glück findest du in deinen eigenen Taten, in deiner eigenen Welt. Vollziehe ein Trennungsritual für dich und deine Familie. Das bedeutet nicht, dass du deine Familie nicht lieben und ehren sollst. Es bedeutet vielmehr, dass jeder in seiner eigenen Verantwortung sein soll. Du musst nichts für deinen Vater oder deine Mutter tragen. Du musst dich nicht klein machen, damit dein Bruder oder deine Schwester sich besser fühlen.

Meditation: Reinige den Raum, und lege schöne Musik auf. Zünde Kerzen an, und mache es dir bequem. Rufe die korallenfarbene Drachendame zu dir in den Raum. Visualisiere dieses wunderschöne Wesen, und setze dich auf seinen Rücken. Sie bringt dich an einen sehr magischen Ort, eine Kristallhöhle tief im Meer versteckt. Die Kristalle in ihr sind blass korallenfarbig und leuchten. Lichtblitze zucken von einer Kristallspitze zur nächsten. Die Drachendame mit den schönen Augen zeigt dir ein Schwert, es liegt funkelnd auf einer großen Kristallgruppe. Nimm es in deine beiden Hände, und durchtrenne all die energetischen Schnüre, die dich an andere Wesen binden. Freiheit für alle Wesen. Lege das Schwert zurück an seinen Platz und lasse dich von der Drachendame zurückbringen, es ist vollbracht. Mache diese Übung in den nächsten Tagen mindestens sieben Mal.

FEUERKELCH

Alba, die Königin aller Drachen, ist weiß wie frisch gefallener Schnee, und ihr Schuppen sind mit tausenden funkelnden Diamanten besetzt. Sie ist die Hüterin der heiligen vier Kelche, die Hüterin der vier Elemente und des heiligen Raums der Taufe, in dem diese Kelche stehen. Du bist heute eingeladen, von der großen weißen Königin selbst, dich einer Taufe mit dem Element Feuer zu unterziehen. Die Taufe ist ein Ritual, eine Neugeburt. Sie ist eine rituelle Reinigung. Die Taufe ist eine Schwelle zwischen dem alten und dem neuen Sein.

Bereite dieses heilige Ritual vor, indem du dich wäschst und dir weiße Kleidung anziehst. Bereite deinen Raum vor. Zünde einige Kerzen an, und lege schöne Musik auf. Mache es dir bequem. Lege die Karte auf dein Herz, und schließe deine Augen. Dann visualisiere, wie du vor den großen Kelch trittst. Nimm dir Zeit, stehe vor dem heiligen Feuerkelch, und lege in deiner Vorstellung deine Kleidung ab. Drei Stufen führen zum Rand des

Kelches. Steige diese Stufen hinauf und in den Kelch hinein. Spüre, wie das heilige Feuer dich umhüllt, wie lodernde, heiße Flammen an dir hochschlagen. Du wirst mit dem Element Feuer getauft. Lasse los, und spüre die tiefe Reinigung auf allen Ebenen. Alle Ketten, die deine Macht klein halten, müssen diesem Feuer weichen. Alles, was deinen freien Willen einsperrt, verbrennt. Atme die Flammen ein, spüre, wie sie durch deine Ohren und durch deine Nase einströmen. Alles, was da Angst heißt, löst sich auf. Jeder Zweifel verbrennt. Visualisiere, wie du dich mit den Flammen vereinst, wie sie dich durchdringen. Alles, was dir nicht dienlich ist, verbrennt, und eine neue, belebende Energie manifestiert sich in dir. Genieße dein Bad im heiligen Kelch des Elements Feuer!

FRIEDEN

Der Frieden auf dieser Welt beginnt in dir. Ist Frieden in deinem Herzen? Ist Frieden in deinem Körper? Ist Frieden in deinem Geist? Fange an zu verstehen, dass jeder für den Frieden auf dieser Welt verantwortlich ist. Auch du. Fange an, den Frieden in deinem Herzen herzustellen. Wenn du diese Karte ziehst, bist du schon ein großes Stück deines spirituellen Weges gegangen. Du hast bereits ein tiefes Bewusstsein erlangt. Der Universumsdrache möchte dich lehren, den Frieden zu bewahren, den die Spiritualität dir gebracht hat. Er möchte, dass das Licht in deinem Herzen unberührbar bleibt, egal, welcher Sturm im Außen auch herrschen mag. Bewahre den Frieden in dir. Frieden in deinen Gedanken, Frieden in deinem Geist, Frieden in deinem Körper, Frieden in deinem Herzen.

Mache eine Meditation. Zünde eine blaue Kerze an (wenn du keine hast, nimm eine weiße), lege ruhige Musik auf, und mache es dir gemütlich. Schließe deine

Augen. Rufe den blauen Drachen in deinen Raum. Bitte ihn mit deiner inneren Stimme um Frieden in deinen Gedanken, Frieden in deinem Geist, Frieden in deinem Herzen und Frieden in deinem Körper. Blicke in die Augen des großen, blauen Universumsdrachen, und sieh die unendliche Liebe darin. Höre, wie der Drache geräuschvoll ein- und ausatmet. Beim Ausatmen fließt blaues Licht aus seinem Maul heraus, das sich über dich legt und dich vollkommen einhüllt. Spüre den tiefen Frieden, den das Licht dir bringt. Jetzt atme es tief in dich hinein. Sieh mit deinem inneren Auge, wie sich alles – selbst die Zellen deines Körpers – mit diesem Frieden füllt. Nimm dir Zeit, und beobachte. Sieh, wie das blaue Licht deine Füße, deine Beine, deine Knochen, deine Wirbel, deinen Darm usw. durchströmt. Schaue dem Drachen erneut tief in die Augen, und atme mit ihm gemeinsam blaues Licht ein und aus. Frieden. Dann sprich mit deiner inneren Stimme: »Ich bin der Ausdruck von göttlichem Frieden, Frieden ist in mir.« Wiederhole diesen Satz drei Mal. Dann bedanke dich bei dem blauen Drachen, und verabschiede dich von ihm. Mache diese Meditation, sooft du möchtest, denn Frieden kann es nie zu viel geben.

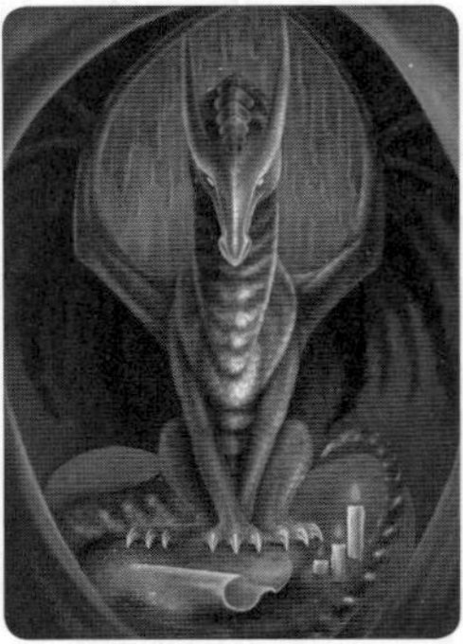

GEBET

Der violette Amethystdrache möchte dich mit deiner wahren spirituellen Seite bekannt machen. Er möchte dich zum Glauben führen. Rufe diesen wunderschönen Drachen zu dir, visualisiere ihn. Er strahlt eine große Ruhe und Ausgeglichenheit aus. Meditiere mit ihm. Setze dich zu ihm, und nimm den Augenblick zwischen Einatmen und Ausatmen wahr. Der Amethystdrache möchte dich daran erinnern, dass eine große Macht im Gebet liegt, und er möchte dich auffordern zu beten. Es steht dir frei, zu wem du betest, du hast viele Möglichkeiten. Du kannst zu deinem Schutzengel beten, zu Gott, zu Buddha, zu einem aufgestiegenen Meister, wie z.B. Jesus oder zu Mutter Maria. Jesus sagte einst: »Alles, was ihr bittet in eurem Gebet, glaubt nur, dass ihr es empfangt, so wird es euch zuteilwerden.«

Fange an zu beten, bitte um Segen, damit du zum Segen wirst für alle Wesen, und spüre den tiefen Frieden, der im Gebet liegt. Überlege dir ein Thema, eines das dich beschäftigt und wofür du beten möchtest, und formuliere ein Gebet. Dann sprich dieses Gebet an sieben aufeinanderfolgenden Tagen je drei Mal am Tag immer zur gleichen Uhrzeit. Mache nach jedem Gebet eine kurze Übung: Atme das Licht aus der göttlichen Quelle über dein Kronenchakra ein und zum Herzen hinaus. Hülle dein Gebet beim Ausatmen in dieses Licht. Dann atme das Licht über das Herz wieder ein und nach unten zum Wurzelchakra aus, tief in die Erde hinein. Bedanke dich bei dem violetten Drachen, und sende ihm, aus deinem Herzen heraus, ein goldenes Dankeschön. denn er hat dich an etwas sehr Wertvolles erinnert.

GEDANKEN

Für die weisen Männer unserer Vorväter, die Druiden und Magier, war die Luft das Meisterelement, das am schwersten zu beherrschende Element, das Unfassbare. Unfassbar wie unser Geist und unsere Gedanken. Durch das Element Luft ist alles mit allem verbunden. Wir denken und gleichzeitig atmen wir ein und aus, wir atmen alle die gleiche Luft. Unsere Gedanken sind Energie, und diese Energie fließt durch die Luft. Unsere Gedanken und unsere Worte kreieren unsere Zukunft. Das, was du über dich selbst denkst, das wirst du sein. Nun ist es an der Zeit, alte Gedankenmuster loszulassen. Jene Gedanken, die dich klein halten wollen, jene, die aus Angst heraus geboren sind. Auch negative Gedanken, die du über andere hast, fallen auf dich zurück. Und wisse: Was andere über dich denken, hat nichts mit dir zu tun.

Mache eine Meditation, zünde mindestens eine weiße Kerze an, und lege ruhige Musik ohne Gesang auf. Schließe die Augen, und stelle dir vor, dass du hoch oben auf dem Gipfel eines Berges stehst und frischer Wind um dich herum weht. Luft umgibt dich, Luft durchflutet dich. Dieses Element reinigt deine Gedanken. Lasse mit dem nächsten Windstoß all deine Gedanken los, und lasse dich vom Gipfel des Berges fallen. Ein in hellem Sonnenlicht strahlender weißer Drache fängt dich auf seinem Rücken auf. Erhebe dich, stelle dich auf den Rücken des weißen Drachen, und denke nicht, sondern sei nur im Fühlen. Fliege mit ihm, und spüre die Freiheit. Spüre den Wind, spüre die Sonne, spüre Gott.

Erkenne, dass die Ketten, die dich fesseln, deine eigenen negativen Gedanken sind. Schon im Erkennen liegt die Freiheit für dich. Der Drache bringt dich zurück zur Erde, und nun erstrahle für jeden, der ab jetzt deinen Weg kreuzt. Atme mit geschlossenen Augen tief ein und aus, und öffne deine Augen als Neugeborener.
Mache diese Meditation insgesamt sieben Mal an aufeinanderfolgenden Tagen immer zur gleichen Uhrzeit.

GEFÄHRTEN

Ziehst du diese Karte, dann sollst du dich deiner Gefährten erinnern, jener in dieser Welt und jener in all den anderen Welten. Oft denken wir, dass wir allein sind, uns keiner hilft, keiner die Last unseres täglichen Lebens mit uns teilt. Doch tief in unserem Herzen wissen wir, dass in solchen Momenten die Welt der dunklen Schatten in unsere Ohren flüstert, um uns zu schwächen, um uns zu entmutigen, um uns klein zu halten. Doch wir alle wissen, dass dies Lüge ist! Es ist an der Zeit, deine Gefährten zu einem Fest zu bitten, lade sie ein. Feiert, tanzt und lacht! Wir sind alle Gefährten seit Anbeginn der Zeit. Feiere mit deinen liebsten Freunden ein rauschendes Fest. Und nehmt euch in dieser Nacht oft in die Arme, um euch gegenseitig zu sagen: »Es ist so gut, dass du hier bist.«

Geschenke

Oft vergessen wir, dankbar zu sein für all die Geschenke, die wir erhalten haben. Zu oft blicken wir auf unsere Wünsche und Sehnsüchte, auf all das, was noch unerfüllt scheint. Dies zu tun bedeutet in einem Energiefeld des Mangels zu sein. Sicher, es ist gut, Wünsche zu haben, oft sind sie der Motor für unsere Taten. Doch Wunsch und Dankbarkeit sollten ausgeglichen sein. Wir sollten sowohl auf unsere Wünsche achten, als auch dankbar für all die Geschenke sein, die wir bereits erhalten ha-

ben. Die wunderschöne Königin Alba blickt auf dich, sie erkennt die Schönheit deiner Seele, und sie schwingt in vollkommener Liebe für dich.
Mache aus diesem Tag einen Festtag der bereits empfangenen Geschenke. Schreibe alles auf, wofür du dankbar bist. Als Drachenreiter vergisst du dabei niemals deine Gefährten, denn sie begleiten dich, sie ehren dich, und sie beschützen dich. Es ist ein wundervolles Geschenk, Freunde zu haben. Nimm die Liste morgen erneut zur Hand. Überlege, ob du auch nichts und niemanden vergessen hast. Aller guten Dinge sind drei, überprüfe auch am dritten Tag, ob die Liste vollständig ist. Dann suche zwei Personen aus, denen du deine Dankbarkeit mit einem Geschenk zum Ausdruck bringen möchtest. Wenn es deine Mutter ist, dann vielleicht mit Blumen. Wenn es ein Wesen ist, das nicht in unserer Dimension weilt, dann vielleicht mit einem innigen Gebet und einer besonders schönen Kerze.

GLÜCKSELIG-KEIT

Die Glückseligkeit, sie ist das Vollkommene und das Ziel allen Handelns. Alles, was deine Seele will, ihr ganzes Bestreben ist Glückseligkeit. Öffne dein Herz, und wisse: Glückseligkeit hat nichts mit dem Besitz von Dingen zu tun, in ihr liegt unendliche Freiheit und unendlicher Frieden.

Rufe den goldenen Drachen zu dir, visualisiere ihn. Sieh ihn dir sehr genau an: Er ist leuchtend und wunderschön. Dieser Drache ist sehr groß. Er schüttelt sich und breitet seine riesigen Schwingen aus. Schaue diesem Drachen tief in die Augen. Wie von Zauberhand fällt goldener Regen auf dich. Spüre, wie der Drache mit diesem goldenen Regen tiefe Weisheit in dich und deine Aura fließen lässt. Genieße es. Dann sieh oder spüre, wie er einen mit Glückseligkeit aufgeladenen Diamanten in dein Herz fallen lässt. Spüre die hohe Energie in dir. Sieh, wie aus den Augen des Drachen grüne Energie in dein Herz hineinfließt und dieses grüne Licht aus deinem Herzen heraus in deine Wirbelsäule strömt. Diese kraftvolle grüne Energie zirkuliert in deiner Wirbelsäule auf und ab, sie richtet dich auf. Spüre den golden leuchtenden Diamanten in deinem Herzen. Nun schaue erneut in die Augen des Drachen, und sieh wieder das grüne Licht. Es fließt auf dich zu. Es strömt in dein Herz, und nun fließt es zu beiden Handchakren. Breite deine Arme aus, damit das Licht ungehindert fließen kann. Nimm alles wahr: den goldenen Regen der Weisheit, den golden leuchtenden Diamanten angefüllt mit Glückseligkeit, die aufrechte grüne Lichtsäule in deinem Rücken und die waagerechte grüne Lichtsäule von Handchakra zu Handchakra. Spüre dieses große Geschenk. Höre den Ruf des Drachen, und jetzt fühle, wie die Glückseligkeit aus dem Diamanten in deinem Inneren herausfließt. Sie fließt aus deinem Herzen in deine Hände. Doch Glückseligkeit gehört nicht dir allein, sie muss geteilt werden, und so lasse sie aus deinen Händen herausfließen. Möge von nun an alles, was du mit dem Bewusstsein von Glückseligkeit berührst, diese auch empfangen. Verweile eine Zeit lang in diesen Energien und verneige dich tief vor dem goldenen Drachen, er hat dich reich beschenkt. Mache diese Visualisierungsübung, sooft du willst – Glückseligkeit steht dir zu.

GÖTTLICHE ORDNUNG

Wenn du diese Karte ziehst, dann bist du bereit für deine göttliche Ordnung. Aber was ist göttliche Ordnung? Was ist göttliche Ordnung für dich, und was bedeutet es für dich, heil und ganz zu sein? Erkennst du, dass du heil sein möchtest? Willst du der göttlichen Ordnung in dir aus der Tiefe deines Herzens zustimmen? – Gut. Die göttliche Ordnung ist ein Muster, ein Ton, eine Harmonie, die allem zugrunde liegt. Sie ist das Gesetz der Quelle. Besinne dich nun auf diese Ordnung, und verlasse alle Irrwege, denn sie werden dich nur in die Dunkelheit führen.

Mache eine Meditation, zünde mindestens eine weiße Kerze an, und lege eine ruhige Musik ohne Gesang auf. Schließe die Augen, rufe den grünen Smaragddrachen, und bitte ihn, dich an den Ort zu bringen, der für dich in diesem Moment richtig und wichtig ist, um die göttliche Ordnung in dir wiederherzustellen. Spüre, wie dieser wundervolle Drache deinen Raum betritt und dich zu einem Flug an einen geheimen Ort einlädt. Setze dich auf seinen Rücken, und vertraue diesem weisen Wesen. Er bringt dich zu einem verborgenen, alten Tempel. Umgeben von exotischen Pflanzen und hohen Bäumen, liegt dieser heilige Ort vor euch. Der Drache bringt dich in das Innere des Tempels. Dort befindet sich eine grüne Lichtsäule.

Stelle dich in die Lichtsäule hinein, und spüre, wie das grüne Licht dich umhüllt und deinen Körper durchflutet. Bitte jetzt mit deiner inneren Stimme um die Herstellung deiner göttlichen Ordnung. Nimm die Schwingung des grünen Lichtes durch die Poren deiner Haut tief in dich auf. Bitte um vollkommene göttliche Ordnung für dein gesamtes System, und lasse dann los.

Sage laut: »Ich bin in göttlicher Ordnung.« Wiederhole diesen Satz drei oder sieben Mal. Nimm einen tiefen Atemzug, und tritt als Wiederauferstandener/Wiederauferstandene in vollkommener göttlicher Ordnung aus der Lichtsäule hinaus. Bleibe noch einen Moment mit dem grünen Drachen im Tempel, und spüre dem Geschehenen nach. Dann lasse dich von ihm nach Hause bringen.

Mache diese Meditation insgesamt sieben Mal an aufeinanderfolgenden Tagen immer zur gleichen Uhrzeit.

HEIMAT

Was bedeutet Heimat für dich? Hast du deine Heimat bereits gefunden? Die korallenfarbene Glücksdrachendame umschließt dich liebevoll mit ihren Schwingen und flüstert dir leise in dein Ohr: »Es ist egal, wo du wohnst, denn Heimat ist dort, wo Gefährten sind, die wie du denken, die wie du leben und die gleichen Dinge wie du lieben.«

Höre auf die Worte dieser wunderschönen Drachendame, sie ist sehr weise und sie liebt dich so sehr. Du hast diese Karte gezogen, weil Heimat für dich eine unerlöste Energie ist, entweder bist du auf der Suche danach oder du erliegst einem Irrtum und das, was du Heimat nennst, ist nicht wirklich deine Heimat. Denke darüber nach, visualisiere, dass du, umhüllt von den Schwingen des Drachen, leise ein Zwiegespräch führst: Ein Gespräch mit dem Drachen oder vielleicht auch mit deiner Seele. Frage nach deiner Heimat, frage nach dem Ort der Liebe, frage danach, warum du jetzt hier bist. Lasse ein korallenfarbenes Licht in dir entstehen, lasse es sich ausdehnen und sich um den Ort legen, an dem du jetzt lebst. Atme dieses Licht aus deinem Herzen hinaus, und hülle damit das Zuhause ein, das du jetzt gewählt hast – bewusst oder unbewusst. Dieses Licht wird die Energie in deinem Heim anheben und es segnen.

HOFFNUNG

Ich bin Arana, und ich habe dieses Kartendeck kreiert. Black ist mein Seelenbegleiter. Egal, was du in deinem Herzen fühlst, wir möchten dir sagen: »Du bist nicht allein!« Es gibt Millionen und Abermillionen von lichtvollen Wesen, die von Herz zu Herz miteinander verbunden sind, weil sie ein gemeinsames Ziel haben – das Goldene Zeitalter zurück auf unsere Erde zu holen. Also wisse: Wir alle sind Gefährten seit Anbeginn der Zeit, verbunden durch eine lichtvolle, silberne Schnur von Herz zu Herz. Du bist ein Drachenreiter, und wir sind stolz darauf, deine Gefährten sein zu dürfen. Wir verneigen uns vor dir. Wir wissen, dass der Weg zuweilen schwer ist, dass ab und an Momente des Zweifelns unser Herz schwer machen – dafür hast du diese Karte. Lege sie in die Nähe deines Bettes, oder stelle sie als Symbol für eine Gemeinschaft, die an die Liebe und das Gute glaubt, auf deinen Altar. Gehe den goldenen Weg deiner Seele, und lasse dich dabei von der Liebe leiten. Black ist der Drache, der am allermeisten an uns glaubt. Er glaubt an dich und an dein mutiges Herz. Er verspricht dir: »Wir geben niemals auf!«

LIEBE

Die größte Kraft des Seins ist die Liebe. Sie ist Magie, sie ist Zauber, sie ist die Berührung durch Gottes Atem, der uns segnet und in jedem Moment erfüllt. Die göttliche Quelle erschuf die Drachen vor den Seelen der Menschen, vor Lady Gaia, selbst vor den Engeln. Die Drachen tragen das Feuer der reinen göttlichen Liebe in sich. Sieh dir den rosafarbenen Drachen auf der Karte an. Spüre die Wahrheit in der Tiefe deines Herzen. Halte die Karte an dein Herz, und bitte die göttliche Quelle um Segnung und um reine göttliche Liebe. Spüre, wie cich die Magie der tiefen Drachenliebe wie ein rosa leuchtendes Licht umgibt, wie der rosafarbene Drache zum Leben erwacht und in dir einen Samen setzt, einen Samen, der zu bedingungsloser, göttlicher Liebe heranwachsen wird, wenn du es willst. Wer mit göttlicher Liebe erschafft, kann etwas Unvergängliches hervorbringen. Liebe ist Magie, und Magie ist Liebe. Wenn ich aus der Tiefe meines Herzen zu dir sage: »Du bist so wunderschön«, dann habe ich dich verzaubert, und ich habe etwas erschaffen, ein Gefühl in dir, eine Emotion, und diese Emotion schwingt in dir, sie ist unvergänglich. Doch diese Liebe will geteilt werden. Sage auch du etwas Wundervolles zu den Menschen, und wir werden mit der Kraft und der Liebe der Drachen eine Kettenreaktion auslösen, die sich um die ganze Welt fortsetzt, und unvergänglich sein wird. Am Ende wird sich all diese Liebe wiederfinden, im Goldenen Zeitalter, und du wirst ihr Schöpfer gewesen sein.

Lies diese Karte mehrfach, damit die Essenz der Botschaft tief in dein System eindringt, dies ist sehr wichtig, tue es.

LUFTKELCH

Alba, die Königin aller Drachen, ist weiß wie frisch gefallener Schnee, und ihre Schuppen sind mit tausenden funkelnden Diamanten besetzt. Sie ist die Hüterin der heiligen vier Kelche, die Hüterin der vier Elemente und des heiligen Raums der Taufe, in dem diese Kelche stehen. Du bist heute eingeladen, von der großen weißen Königin selbst, dich einer Taufe mit dem Element Luft zu unterziehen. Die Taufe ist ein Ritual, eine Neugeburt. Sie ist eine rituelle Reinigung. Die Taufe ist eine Schwelle zwischen dem alten und dem neuen Sein. Bereite dieses heilige Ritual vor, indem du dich wäschst und weiße Kleidung anziehst. Bereite deinen Raum vor. Zünde einige Kerzen an und lege schöne Musik auf. Mache es dir bequem. Lege die Karte auf dein Herz, und schließe deine Augen. Dann visualisiere, wie du vor den großen Kelch trittst. Nimm dir Zeit, stehe vor dem heiligen Luftkelch, und lege in deiner Vorstellung deine Kleidung ab. Drei Stufen führen hinauf, damit du in den

Kelch hineinsteigen kannst. Gehe die Stufen hoch. Spüre, wie dich die heilige Luft des Kelches umströmt, wie dich Luftwirbel einhüllen. Die heilige Luft fließt durch deinen Körper. Frisch und kühl durchströmt sie deinen Kopf. Dieses Element reinigt deinen Verstand. Für die heiligen Männern unserer Vorväter, die Druiden und Magier, war das Element Luft das am schwersten zu beherrschende Element. Es war das Meisterelement, das Unfassbare. Dieses Element ist das letzte auf dem Weg zur Meisterschaft. Es eröffnet dir neue Horizonte. Gib dich diesem Element hin. Lasse alles Wissen in deinem Kopf los, schaffe Platz für eine neue göttliche Weisheit. Übe dich in Gedankenkontrolle, denke positiv. Deine Gedanken und deine Worte formen dein Leben.

Mache diese Visualisierungsübung, sooft du magst, immer mit der Absicht, deinen Kopf, deine Gedanken und deinen Verstand mit der heiligen Luft in diesem Kelch zu reinigen.

MERLIN

Merlin, der große magische Meister, möchte dich daran erinnern, dass das Blut deiner Vorväter in deinen Adern fließt. Dieses Blut verbindet euch. Es gab eine Zeit, da die Magie etwas Wichtiges in unser aller Leben war. Magie umgibt uns, sie durchfließt alles. Magie hat es schon immer gegeben, sie ist etwas ganz Natürliches. Hole die Magie deiner Vorväter, deiner Ahnen, in dein Leben zurück.

Merlin will dich lehren, dass das mächtigste Werkzeug des Magiers oder der Priesterin das Wort ist. Mit ihm können wir Menschen zerstören, aber auch aufbauen. Erkenne dies, und nutze deine Worte fortan als Werkzeug der Liebe und des Lichtes. Merlin will dich lehren, dass der Drache die Magie in dein Leben bringt und die magische Kraft, die du in dir trägst, verstärkt.

MUT

Der Weg unseres Lebens führt uns zuweilen an Kreuzungen, an denen wir uns entscheiden müssen, welchem Pfad wir nun folgen wollen. Dann keimt Angst oder Unsicherheit in unseren Herzen auf. »Was soll ich tun?«, fragt das Herz. Du hast die Karte »Mut« gezogen, das bedeutet, du bist in solch einer Situation oder sie wird bald auf dich zukommen. Möglicherweise bist du schon seit Jahren in dieser Situation, hast eine Entscheidung nicht getroffen und stehst an der Weggabelung deines Lebens. Rufe in solchen Situationen den mächtigen schwarzen Drachen zu dir. Höre, wie er zu dir spricht: »Nur Mut!« Triff in deinem Herzen eine klare Entscheidung, damit du dem goldenen Pfad deiner Seele weiter folgen kannst. Fortschritt, Entwicklung und Wachstum können nur geschehen, wenn du den Mut hast, die nötigen Entscheidungen zu treffen. Rufe erneut den mächtigen schwarzen Drachen zu dir, und höre, wie er eindringlich zu dir spricht: »Augen zu und durch!« Was auch immer es ist, du hast zwei Möglichkeiten: Wenn du Ja sagst, so tue es mit Mut, und wenn du Nein sagst, so tue dies mit dem gleichen Mut, und von da an lebe danach. Du solltest zu jeder Zeit mutig den goldenen Weg deiner Seele gehen und stets ein Lächeln als Schmuck auf deinen Lippen tragen.

Übung: Sprich die folgende Affirmation in den nächsten sieben Tagen je drei Mal am Tag: »Ich gehe mutig und lächelnd den goldenen Weg meiner Seele.« Am besten schreibst du sie auf einen Zettel und klebst ihn an deinen Badezimmerspiegel. Gerne kannst du dich beim Sprechen mit dem schwarzen Drachen verbinden. Du brauchst nur an ihn zu denken, und schon wird er zur Stelle sein. Wenn es dir gefällt, wird dich diese Affirmation für die Ewigkeit begleiten.

NARBEN

Wenn du diese Karte ziehst, ist es an der Zeit, die Narben, die dir das Leben zugefügt hat, in neuem Licht zu betrachten. Die vermeintlich dunklen Stunden deines Lebens haben dich am allermeisten geprägt. Sie bringen das göttliche Licht in dir hervor. Sicher, die ein oder andere Narbe schmerzt dich noch, manche Wunden heilen langsam. Doch der violette Drache möchte dich lehren, dass es ein Wunderheilmittel für deine Wunden und Narben gibt. Dieses Wundermittel ist eine Mixtur aus 70 % Vergebung, 20 % Akzeptanz und 10 % Hingabe. Hier ist die Anleitung für dein Elixier:
Besorge dir ein Gefäß, z. B. ein kleines Marmeladenglas. Fülle folgende Zutaten hinein: den Saft einer halben Zitrone, zwei Esslöffel Olivenöl, einen Teelöffel Sonnenblumenöl, drei Esslöffel frisches Quellwasser und einen kleinen Amethyst. Stelle das Gefäß für eine Nacht in den Schein des Vollmonds, und mache am darauffolgenden Tag ein kleines Ritual. Schreibe auf einen

kleinen Zettel: 70 % Vergebung, 20 % Akzeptanz, 10 % Hingabe. Klebe diesen Zettel auf das Gefäß. Setze dich in deinen gereinigten Raum, lege die linke Hand auf dein Herz, und halte die rechte Hand über dein Gefäß. Bitte die Geistige Welt, sie möge das, was auf dem Gefäß steht, hinzutun. Rufe den violetten Drachen und ein Wesen, das dir sonst noch besonders nahesteht, zu dir. Vielleicht ist es ein Engel oder ein aufgestiegener Meister. Bitte beide, sie mögen alles in dein kleines Gefäß hineingeben, was du brauchst, damit sich deine seelischen Wunden und Narben in Licht verwandeln. Dann muss der alte Schmerz weichen. Deine Narben sind Zeugen all dessen, was du erlebt hast. Sie sind eine persönliche Auszeichnung für deinen Mut. Sie sind Zeugnis deiner Heldentaten. Lasse alle Energie aus deinen Händen in das Gefäß fließen. Habe keine Eile, genieße dieses Ritual. Lege nach einer Weile all deine Kleider ab, schüttle das kleine Gefäß vor deinem Herzen. Reibe deinen Körper mit diesem Wunderelixier ein, und nimm das Licht durch deine Poren auf.

NEUE WELT

Hin zu einer neuen Welt, wie ein Paradies, voller Frieden, Liebe und Harmonie, dies ist der Weg, auf dem wir alle sind. Jeder geht diesen Weg so, wie es für ihn richtig ist. Der Leopardendrache ist der Drache, der dich an deine Intelligenz erinnern möchte. Nutze die Brillanz des menschlichen Verstandes, um am Entstehen dieser neuen Welt, dem Goldenen Zeitalter, mitzuwirken. Der Leopardendrache möchte dich lehren, deine Intelligenz als ein Geschenk zu sehen, sie einzusetzen und nicht verkümmern zu lassen. Viele spirituelle Menschen tragen den Glaubenssatz in sich, Intelligenz habe etwas mit dem Ego zu tun. In Wahrheit ist es jedoch deine Intelligenz, die dir helfen wird, das Ego zu überwinden. Denn nur mit einem brillanten, glasklaren Verstand kannst du Wissen in Weisheit wandeln. Und so höre, was der Leopardendrache dir sagen möchte »Wie oft hast du in der Vergangenheit gesagt: ›Das kann ich nicht‹? Jetzt ist es an der Zeit, alte Muster, alte Verknüpfungen in deinem Gehirn zu lösen. Verändere deine Wortwahl. In Zukunft wirst du ein ›Ich will nicht‹ an die Stelle von ›Ich kann nicht‹ setzen. In Zukunft wirst du das ›Ich kann nicht‹ aus deinem System eliminieren, denn dieses Muster hält dich klein. Nutze deinen klaren Verstand, und spüre den Unterschied zwischen dem ›Ich kann nicht‹ und dem ›Ich will nicht‹. Das eine nährt das Minderwertigkeitsgefühl, das andere nährt deinen freien Willen. Eine neue Welt braucht spirituelle, intelligente und freie Menschen, die ihren Wert anerkennen. Vielleicht möchtest du diese Karte an den Kühlschrank oder an den Badezimmerspiegel kleben, damit du die Botschaft nicht vergisst.

OISIN

Der Drachenkönig Oisin ist ein brauner Baumdrache. Er ist der älteste und größte Drache. Kein Mensch darf ihn reiten. Vielmehr haben wir uns vor ihm zu verneigen. Wenn du diese Karte ziehst, höre den Ruf in deinem Herzen. Spüre die tiefe Sehnsucht in dir. Unterdrücke sie nicht mehr. Diese Sehnsucht ist der Ruf des Königs, der in all deinen Zellen widerhallt. Der Drachenkönig und sein Gefolge erheben sich. Mache dich bereit.

Meditation: Zünde mindestens eine weiße Kerze an, lege Musik ein (Ein Tipp: Ich benutze hierfür die Filmmusik aus »Der Herr der Ringe«). Schließe deine Augen, und rufe deinen persönlichen Drachen in den Raum*. Sprich zu ihm: »Der König ruft uns.« Setze dich auf seinen Rücken, er fliegt mit dir ins Universum. Sieh, wie tausende und abertausende von Drachenreitern sich zusammen-

* Wie du deinen persönlichen Drachen findest, erfährst du auf Seite 87.

schließen. Sieh dich selbst mittendrin. Schaue, es fliegen Tausende Drachenreiter links und rechts von dir. Vor dir liegen die Weiten des Weltalls. Und vor dir siehst du die Erde, blau, leuchtend und wunderschön. Sieh, wie sich Oisin, der König aller Drachen, frei und ohne Reiter an die Spitze der Drachenreiter setzt. Er fordert dich auf, dir jetzt bewusst zu werden, dass du ein göttliches Wesen bist. Er fordert dich auf, zu erkennen, dass die Liebe in dir eine unbezwingbare Macht ist. Wir alle stehen in Kontakt mit der Quelle allen Seins, und jetzt, in dieser großen Gruppe von Drachenreitern, nimm dein magisches Schwert, deinen magischen Stab oder Stein – was auch immer du bei dir führst. Halte diesen Gegenstand hoch über den Kopf, mit ihm fängst du die göttliche Liebe ein. So fliegst du auf deinem Drachen dahin, und die göttliche Liebe fließt aus der Quelle allen Seins durch den Gegenstand in dich hinein. Dann öffne dein Herz, und lasse diese Liebe aus deinem Herzen heraus zur Erde weiterfließen. Blicke jetzt wieder nach rechts und links, und sieh, wie Tausende von Drachenreitern das Gleiche tun. Nimm dieses Bild tief in dein Herz auf. Segne mit deiner göttlichen Liebe Lady Gaia, deine große Mutter, die dich jeden Tag trägt und nährt. Erkenne die Macht und die Magie der Liebe, und erkenne dich selbst. Du bist ein göttliches Wesen.

ROSE

Wir alle leben in zwei Welten, in der Welt des Verstandes, des Denkens, und in der Welt des Herzens, des Fühlens. Unsere täglichen Erfahrungen werden im Verstand gespeichert. Im Herzen entstehen wiederum die Empfindungen, die mit den Erfahrungen kommen, wie Freude, Furcht oder Traurigkeit. Nachts, wenn wir schlafen, sind wir in einem Zustand, in dem unser Herz zu uns spricht. Und so manches Mal bittet es um Hilfe, doch wir bemerken es nicht. In unserer schnelllebigen Welt haben wir keine Zeit, langsam zu erwachen, damit der nächtliche Traum noch einen Moment bei uns verweilen kann.

Wenn du diese Karte gezogen hast, dann deshalb, weil dein Herz um Hilfe bittet. Mache sieben Tage lang Herzarbeit. Lade dazu den rosafarbenen Drachen zu dir ein. Kaufe dir Rosen, am besten für jeden Raum einen großen Strauß. Die Farbe ist egal. Nimm den Anblick der Rosen wie Balsam in dein Herz auf. Visualisiere, dass dein

Herz eine Rose ist, und lasse sie jeden Tag neu erblühen. Schaue sie dir an, die Rose deines Herzens. Wie sieht sie aus? Mache dir und deinem Herzen diese Freude, nimm dir etwas Zeit, um zu fühlen und zu sehen, wie schön die Rosen auf dieser Welt sind.

SCHATTEN

Wenn du diese Karte ziehst, ist es an der Zeit, dir deine Schatten anzuschauen. Der Drachenkönig Oisin sendet die Drachen aus, damit wir Menschen uns daran erinnern, dass wir machtvolle Wesen sind. Die schwarzen Drachen werden hingegen von der weißen Drachenkönigin Alba ausgesandt. Sie tragen die höchste Liebesschwingung in ihren Drachenherzen und kommen, um deine niederen Energien in höhere zu wandeln. Der schwarze Drache besitzt die Fähigkeit, tief in die Welt der Schatten einzutauchen. Er dringt in Bereiche vor, die anderen verborgen bleiben.

Viele Menschen erkennen ihre Schatten nicht als solche. Das macht es der dunklen Seite leicht, sie zu manipulieren, sie auszubremsen, sie müde und antriebslos zu machen. Wollen wir doch einige der Schatten hier beim Namen nennen: Zigaretten, Alkohol, zu viel Zucker, das Gefühl von Angst, andere Suchtprogramme, Opferdasein, spiritueller Hochmut usw. Jetzt stelle dir die Frage: »Bin ich bereit, gegen meine Schatten anzugehen?« Wenn ja, dann beginne mit der unten beschriebenen Schattenarbeit, wenn nein, dann lege die Karte weg. Nimm sie aus dem Set, und lege sie erst dann wieder hinein, wenn du bereit bist.

Gut, gehen wir es an. Nimm dir einen Schatten vor, lerne ihn kennen. Frage dich nach dem Warum und dem Seit-Wann. Wichtig ist, dass du verstehst, dass Nachgeben Sieg und das Starre brechen bedeuten kann. Oft ist es eine innere Starre, die uns daran hindert, unsere Schatten zu erkennen. Oft legen wir genau bei diesen Themen eine unglaubliche Bockigkeit an den Tag. Versuche, bei der Schattenarbeit innerlich biegsam zu bleiben, erkenne, wenn du genervt oder bockig wirst, das ist die innere Starre, von der ich spreche, wehre dich nicht dagegen, sondern werde sanft und biegsam. Sich zu wehren würde nur bedeuten, einer inneren Starre mit Starre zu begegnen, und das führt zu keinerlei Erfolg. Übung: Setze dich auf die Kante eines Stuhls, zünde mindestens eine weiße Kerze an, und lege ruhige Musik auf, gerne auch ein bestimmtes Lieblingslied. Dann stelle dir vor, du sitzt mitten im hohen Gras, und eine frische Brise wiegt die Halme hin und her. Wiege dich mit dem Gras, wiege dich mit dem Wind. Rufe den schwarzen Drachen, und bitte ihn mit deiner inneren Stimme darum, alle Starrheit in dir zu beseitigen. Spüre nun die hohe Präsenz. Der schwarze Drache schreitet durch das hohe Gras. Er ist prächtig, funkelnd und kraftvoll. Er öffnet sein Herz und hüllt dich vollkommen in schwarzes Licht ein. Schwarzes Licht kann durch nichts verunreinigt werden, denn seine Schwingung ist höher als jede andere. Spüre, wie sich dieses mächtige Licht in deinem Lichtkanal in der Wirbelsäule auf und ab bewegt, wie es nach jeder Schwachstelle sucht. Dieses Licht bündelt sich und fließt kraftvoll zu jener Stelle deines Körpers oder Lichtkörpers, an der sich ein Schatten an deiner Energie labt. Jetzt lächle, freue dich, und sage voller Liebe zu dem Schatten: »Ich sehe dich, ich kenne dich, ich achte dich, und nun darfst du gehen. Ich brauche dich nicht mehr.« Lächle, und lasse den Schatten los. Übergib

ihn dem schwarzen Drachen, der ihn voller Liebe in eine weiße Lichtsäule bringt, und höre, wie der Drache zum Schatten spricht: »Ich befreie dich, du brauchst nicht mehr zu kämpfen, auch für dich gibt es Frieden – nun gehe in Frieden.« Von nun an bist du von diesem Schatten befreit.
Lebe und handle danach, respektiere dich selbst und lächle. Bedanke dich bei dem schwarzen Drachen und mache diese Übung so oft, wie du es für nötig hältst.

SCHICKSAL

Der Sternenwandererdrache erstrahlt in allen Farben. Dieser große und mächtige Drache ist heute mit seiner hohen Schwingung zu dir gekommen, um dir seine Botschaft zu überbringen. Öffne dein Herz jetzt ganz weit, und höre die Worte der Wirklichkeit: »Heute ist der Tag, an dem du erneut dein Schicksal wählst, und so bedenke, wer du sein willst. Bedenke, welchen Weg du ab jetzt gehen möchtest. Tief in deinem Herzen liegt deine Wahrheit – lausche ihr. Du bist ein Träger der Macht, der Liebe und des Erbes der göttlichen Quelle. Du entscheidest, wie dein Schicksal aussieht. Der Moment ist gekommen: Werde zur Heldin oder zum Helden in deinem Leben und die Heerscharen der Engel und alle lichtvollen Wesen verneigen sich vor dir. Möge dir dieser Tag Glückseligkeit bringen, möge sich dieser Tag wie ein lichtvolles Siegel in deine Seele brennen, ein Siegel zum Verschließen des Alten und als Symbol für einen neuen Weg. Nur Mut!« Stelle die Karte für sieben Tage an einen Ort, an dem du sie oft siehst. Halte dann jedes Mal für einen Moment inne, und sage zu dir selbst: »Ich bin die Heldin/der Held meines Lebens, und ich folge dem Weg meiner Seele.«

SCHLÄFER

Wir alle tragen schlafende Anteile in uns, lichtvolle und wichtige Anteile. Jetzt ist es an der Zeit, einen dieser Schläfer in dir zu wecken. Wenn du diese Karte ziehst, dann will der violette Drache dir helfen, diesen bestimmten Anteil zu wecken. Und so spüre nun tief in dein Herz, welcher Anteil erwachen möchte. Schließe die Augen, und erkenne, welcher Anteil sich regt. Vielleicht ist es dein innerer Finanzminister, der dich in die Fülle führen möchte, oder vielleicht ist es dein innerer Heiler, dein innerer Künstler oder dein inneres Kind. Nimm dir Zeit, tief in dein Herz zu spüren. Wenn du es erkannt hast, mache folgende Übung:

Visualisiere den violetten Drachen. Erhaben blickt er dich mit seinen leuchtend gelben Augen an. Tritt vor den Drachen, und bitte ihn, alles, was den Schläfer in dir vom Erwachen abhält, zu transformieren. Der Drache öffnet sein Maul und speit eine violette Flamme, die dich ganz und gar einhüllt. Ihre Energie durchdringt dich. Sieh vor deinem inneren Auge, wie die Schleier verbrennen, die dein Erwachen behindern, und wie alles klarer wird. Stelle dir den schlafenden Anteil als goldene Skulptur mit geschlossenen Augen vor, eine Skulptur, die dein Gesicht trägt. Sprich laut und mit fester Stimme: »Der Schläfer ist erwacht.« Und sieh vor deinem inneren Auge, wie die Skulptur die Augen aufschlägt, wie sie sich auf dich zu bewegt und vollkommen mit dir verschmilzt. Atme eine Weile bewusst ein und aus. Dann bedanke dich bei dem violetten Drachen, und verabschiede dich von ihm. Spüre deinen Körper und komme sanft zurück, schicke goldenes Licht von unten nach oben durch deine Wirbelsäule, und wenn du am letzten Halswirbel angekommen bist, nimm einen tiefen Atemzug, und öffne die Augen im Hier und Jetzt.

Wiederhole diese Übung an sieben aufeinanderfolgenden Tagen.

SELBSTWERT

Du bist ein göttliches Wesen voller Licht, voller Wissen und voller Weisheit. Sicher hast du das oder Ähnliches schon das ein oder andere Mal gehört. Leider nicht oft genug, denn du lebst nicht danach! Dein Licht leuchtet oft zu schwach. Noch zu oft vertraust du der Wahrheit anderer mehr als deiner eigenen. Selbstwert und auch Selbstliebe erlauben es, kritisch zu sein, erlauben, das eine oder andere infrage zu stellen, erlauben, Nein zu sagen, und erlauben es, Menschen, die dir schaden, in ihre Grenzen zu verweisen. Ein Mangel an Selbstwert zeigt sich oft auch in kleinen Handlungen, z. B. in einem neuen Kleidungsstück, das du für »später« oder für einen »besonderen Anlass« im Schrank verstaust – dein ganzes Leben ist ein besonderer Anlass. Du hast tolle neue Weingläser für deine Gäste, doch wenn du allein bist und Wein trinkst, nimmst du ein altes Glas. Du kaufst Blumen nur, wenn Besuch erwartet wird. Kaufe morgen einen großen Strauß nur für dich, tue es. Der Leopardendrache ist der intelligenteste von allen Drachen. Er sagt dir, dass du dich dafür entscheiden musst, wertvoll zu sein. Du bist wertvoll. Triff diese Entscheidung, und handle danach! Leise flüstert dieser kraftvolle Drache in dein Ohr: »Du bist eine wertvolle, liebende, magische Frau/du bist ein wertvoller, liebender, magischer Mann.« Schreibe diesen Satz als Affirmation auf dreizehn kleine Zettel, beginne ihn aber mit: »Ich bin …«. Klebe sie an verschiedene Stellen in deiner Umgebung, z. B. deine Wohnung oder dein Auto. Lasse diese Zettel einundzwanzig Tage lang hängen, und lies sie jedes Mal, wenn dein Blick darauffällt.

SONNENTEMPEL

Wenn du diese Karte ziehst, bist du vom Sonnengott selbst eingeladen, in seinen goldenen Tempel zu kommen, und dort in den Spiegel der Wahrheit zu schauen. Dies ist eine große Ehre. Bereite dich auf diese

Reise vor, dusche, ziehe weiße oder keine Kleidung an. Zeichne einen Davidstern auf ein großes Blatt Papier, lege ruhige Musik auf, und zünde sechs goldene oder sechs weiße Kerzen an. Setze dich auf das Papier, und stelle die Kerzen so um dich herum, dass je eine Spitze des Sterns auf eine Kerze deutet. Schließe die Augen, und rufe deinen persönlichen Drachen zu dir**. Bitte ihn, dich zum Spiegel der Wahrheit zu bringen. Habe keine Scheu, deine Fantasie zu benutzen, denn sie ist ein Geschenk der göttlichen Quelle. Fliege zur Sonne. Der Sonnengott schützt euch vor Hitze und zu hellem Licht. Dein Drache landet mit dir am Eingang des goldenen Tempels. Steige von ihm ab, und gehe allein in den Tempel hinein. Hier siehst du einen großen, goldenen Spiegel. Nimm dir Zeit, tritt langsam vor ihn hin, blicke hinein, und erkenne dich selbst als Drachenreiter. Sieh das Gewand, das du als Drachenreiter trägst, die Farbe deiner Haare, und die Dinge, die du bei dir führst, z. B. Schmuck oder rituelle Gegenstände. Das bist du. Nimm dieses Bild tief in dein Herz auf. Höre die Stimme des Sonnengottes in deinem Herzen. Er spricht zu dir: »Du bist das Licht, das eure Welt braucht.« Dann drehe dich

** Wie du deinen persönlichen Drachen findest, erfährst du auf Seite 87.

um, und gehe zurück zu deinem Drachen. Blicke in seine großen liebevollen Augen, und erkenne die Freude darin. Er freut sich so sehr, dich in dem Gewand zu sehen, das du als Drachenreiter trägst. Bedanke dich beim Sonnengott, und lasse dich von deinem Drachen zurück nach Hause bringen.

SPIEGEL

Wohin du auch schaust, überall erkennst du dich selbst – in den Gebärden anderer, in den Worten anderer. Alles, was dich emotional berührt, ist mit dir verbunden, du hast einen Anteil daran. Gut, das hast du schon oft gehört. Und warum glaubst du, dass es nur dann so ist, wenn dir jemand unangenehm ist? Wenn du in eine ablehnende Haltung gehst? Schaust du auch in diesen Spiegel, wenn dich eine andere Person voller Liebe, Schönheit und Wahrheit emotional berührt? Es ist derselbe Spiegel, auch daran hast du Anteil. Die Spiegel dieser Welt wurden für dich erschaffen. Sie wurden erschaffen, um dich zur Meisterschaft zu führen. Achte sie, und sei für sie dankbar.

Der grüne Drache trägt in seinem Gaumen drei funkelnde Smaragde. Es sind Steine der Wahrheit und der Schönheit. Mache mit diesem wundervollen Wesen folgende Übung: Beginne mit dem Reinigen des Raumes. Zünde grüne Kerzen an. Wenn du keine grünen hast, nimm weiße. Lege schöne Musik auf, und setze dich hin. Rufe den grünen Drachen zu dir in den Raum. Stelle dir vor, wie er vor dir steht. Du kannst dies mit offenen oder mit geschlossenen Augen tun, so, wie es dir leichter fällt. Zeichne mit deiner rechten Hand ein Pentagramm in die Luft, einen Fünfzackstern. Beginne oben mit der Spitze, ziehe die erste Linie nach rechts unten, und vollende von dort aus den Stern. Vielleicht musst du dies vorher auf einem Blatt Papier üben. Konzentriere dich, und lasse das Pentagramm aus goldenem Licht vor dir entstehen. Sprich folgende Worte zu dem Drachen: »Ich erkenne die Spiegel dieser Welt an und werde von nun an meine Augen vor keinem Spiegel verschließen.« Lausche, ob der Drache etwas erwidert. Dann sprich weiter: »Ich habe dich gerufen, um ein weiteres Stück des Weges zur Meisterschaft zu gehen, und so bitte ich dich: Erlaube mir, die heiligen

Smaragde in deinem Rachen zu berühren.« Sieh, wie der grüne Drache sein Maul öffnet, strecke deine linke Hand durch das goldene Pentagramm, und berühre die Steine der Wahrheit. Spüre, wie eine kühle und kraftvolle Energie durch deine Wirbelsäule fließt. Sprich: »Ich fürchte mich vor keinem Spiegel dieser Welt, denn ich bin jetzt bereit, mich selbst zu erkennen.« Lasse die grüne, frische Energie durch dich hindurchfließen, und genieße den Moment. Nach einer Weile ziehst du deine Hand zurück, das Pentagramm löst sich von selbst auf. Bedanke dich bei diesem wundervollen Drachen, und verabschiede dich von ihm. Atme ruhig ein und aus, nimm deinen Körper wahr, und komme zurück.

STILLE

Unser Leben zieht zuweilen unglaublich schnell an uns vorüber. Wir hetzen von A nach B und haben dabei oft das Gefühl, viel Energie zu verlieren. In der Ruhe liegt die Kraft, heißt es. Und das ist es auch, was dich der rosafarbene Drache lehren möchte. In früheren Zeiten benutzten wir zum Messen der Zeit unter anderem Sanduhren. Es ist wirklich schade, dass diese äußerst elegante Art der Zeiterfassung mit zunehmendem Fortschritt nahezu abgeschafft wurde. Es war ein geradezu magisches Ritual. Indem der Sand aus dem oberen Teil der Sanduhr in den unteren rieselte, konnten wir zusehen, wie die Zeit verrann. Das wirklich Magische an dem Vorgang war jedoch, dass die Zeit nicht verloren ging. Der Sand wurde im unteren Teil aufgefangen, und wenn aller Sand dort angekommen war, drehten wir die Sanduhr, und alles begann von Neuem.

Werde dir bewusst, dass nichts verloren geht. Alles wird von unseren Begleitern, den Engeln, den aufgestiege-

nen Meistern, den Einhörnern und den Drachen, behütet. Dieser stille, rosa Drache möchte dich in die Einsamkeit der Wüste führen, damit du zu dir findest und eine Zeit lang dort im Gebet verweilst. Visualisiere, wie du in der Wüste stehst. Nimm den warmen Sand unter deinen Füßen wahr. Spüre den rosafarbenen Liebesdrachen hinter dir, lehne dich an seine Brust. Die Wüste ist ein Meer aus Sandkörnern, und in jedem Sandkorn steckt das Licht der göttlichen Quelle. Spüre den Sand unter deinen Füßen, spüre, dass es in der göttlichen Quelle keine Zeit gibt. Dort gibt es nur Liebe und die Ewigkeit, so, wie in jedem einzelnen Sandkorn unter dir. Genieße es, an der Brust dieses wundervollen Wesens zu lehnen. Verweile einige Zeit in der Wüste, spüre die Stille. Suche den Raum der Stille in deinem Herzen. Dieser Raum ist eine große Schatzkammer, denn darin wohnen die Liebe und die Ewigkeit.
Mache die folgenden Worte zu deinem Mantra: »Ich habe alle Zeit der Welt.«

TOD

Weisheit ist ein Geschenk, eine Gnade. Der alte Baumdrache will dich mit Weisheit und mit dem Verstehen des Todes bereichern.

Der Tod ist überall und geschieht in jedem Moment, er gehört zum Leben. Mache eine Übung mit dem weisen Baumdrachen. Beginne damit, dass du deinen Raum reinigst und einige Kerzen anzündest. Mache dir schöne Musik ohne Gesang an. Rufe den alten Baumdrachen in deinen Raum. Visualisiere, wir er vor dir erscheint. Verbinde dich mit ihm, indem du lichtvolle Schnüre zwischen all euren Chakren knüpfst. Bitte den Drachen um seine Weisheit, um das Verstehen des Lebens und des Todes. Dann atme eine Zeit lang in Einklang mit diesem magischen Wesen. Verstehe, dass du mit jedem Einatmen Ja zum Leben sagst und dass mit jedem Ausatmen etwas stirbt. Verstehe, dass, wenn du wirklich liebst, dies auch Tod bedeutet. Durch Liebe findet eine Verschmelzung statt. Du bist dann nicht mehr derselbe Mensch wie zuvor. Lasse die

Energie zwischen dir und dem braunen Drachen fließen, und erkenne, dass sich die höchste göttliche Quelle in der Liebe und im Tod offenbart. Erkenne, dass es in dir einen göttlichen Teil gibt, der keine Angst vor dem Tod hat, da er um seine Unsterblichkeit weiß.

UNIVERSUM

Deine hohe Aufgabe ist nicht auf Lady Gaia, unsere Erde, und ihre Bewohner beschränkt. In vielen Welten benötigen Wesen dein und deines Drachen Licht, eure Liebe und eure Kraft. Wir leben in einer wundervollen Zeit, einer Zeit des Wandels. Und auch für dich soll es eine Zeit des Wandels sein, ein Wandel hin zu größeren Taten. Zweifle weder an dir noch an deinem Drachen. Der Zweifel wird von den Schatten in unsere Herzen gesät, damit sie Macht über uns erlangen. Der Zweifel kann deinen Drachen töten, ihn aus deinem Leben nehmen. Dann ist es so, als sei er nie da gewesen. Lasse dies nicht zu. Glaube an die tiefe, alte Verbindung zwischen euren Herzen. Fliege mit ihm hinaus in die unendliche Weite, und behüte alle Welten in allen Dimensionen vor den Schatten und ihrer Macht. Eines ist sicher: So, wie am Anfang die Liebe herrschte, wird auch am Ende die Liebe herrschen, denn tief in unseren Herzen wissen wir, dass die Liebe nicht besiegt werden kann. Solange es Drachen und Drachenreiter gibt, wird es Hoffnung und Mut geben. Wachse über dich hinaus, und vertraue. Fliege mit deinem Drachen zu anderen Planeten, um dort zu lernen oder zu helfen. Fliege zum Planeten Sirius, wo es eine Universität für geistige Wesen gibt. Dort kannst du einen guten Lehrer finden. Dein Drache wird dir dabei helfen. Auf zu großen Taten!

VERLIEREN

Du bist ein Drachenreiter, ein Krieger des Lichtes. Du bist hier auf der Erde, um für eine bessere Welt einzustehen. Wir, die lichtvollen Kämpfer Lady Gaias, und die Wesen, die auf der Erde leben, lieben diese Welt. Wir setzen uns für die Liebe und das Licht ein, weil es etwas Wundervolles und Göttliches zu verlieren gibt. Weil wir tief in uns darum wissen, sind wir bereit, uns erneut mit der Kraft der Drachen und der Einhörner zu verbinden. Es liegt in unserer Natur, zu beschützen und zu bewahren. Werde dir bewusst, dass unsere Erde ein Paradies ist, das zusammen mit dir zurückerobert werden will. Lege deinen Fokus auf das Wertvolle, auf das, was verloren gehen könnte, auf die Liebe und die wundervolle göttliche Schöpfung, die Natur dieser Welt. Tue, was in deiner Macht steht, um die Natur zu schützen, auch deine Natur. Nur weil wir etwas zu verlieren haben, sind wir, wer wir sind – Krieger des Lichts, Drachenreiter, Einhornseelen, Magier, Priesterinnen. Unser Glaube ist unser Schwert und unsere Liebe ist unser Schild. Wir sind die Hüter und Hüterinnen dieser Welt. Rufe deinen Drachen, und tritt gemeinsam mit ihm in den Dienst der Liebe.

WASSERKELCH

Alba, die Königin aller Drachen, ist weiß wie frisch gefallener Schnee, und ihre Schuppen sind mit tausenden funkelnden Diamanten besetzt. Sie ist die Hüterin der heiligen vier Kelche, die Hüterin der vier Elemente und des heiligen Raums der Taufe, in dem diese Kelche stehen. Du bist heute eingeladen, von der großen weißen Königin selbst, dich einer Taufe mit dem Element Wasser zu unterziehen. Die Taufe ist ein Ritual, eine Neugeburt. Sie ist eine rituelle Reinigung. Die Taufe ist eine Schwelle zwischen dem alten und dem neuen Sein. Bereite dieses heilige Ritual vor, indem du dich wäschst, und weiße Kleidung anziehst. Bereite deinen Raum vor. Zünde einige Kerzen an und lege schöne Musik auf. Mache es dir bequem, lege die Karte auf dein Herz, und schließe deine Augen. Dann visualisiere, wie du vor den großen Kelch trittst. Drei Stufen führen hinauf, damit du hineinsteigen kannst. Doch zuvor nimm dir Zeit. Lege in deiner Vorstellung deine Kleidung ab, gehe die Stufen hinauf, und steige in den Kelch. Tauche unter, und lasse dich tief hinuntersinken. Wasser ist die Wiege allen Lebens. Wasche dich rein von all deinen Begrenzungen. Wasser ist die Fülle aller Möglichkeiten. Spüre das heilige Wasser des Kelches auf deiner Haut. Spüre, wie es dich trägt und umhüllt. Du sinkst zum Boden des Kelches hinab, und lässt dort den Ungläubigen in dir los. Deine klare Absicht reicht, bekräftige sie mit deiner inneren Stimme: »Ich lasse den Ungläubigen in mir hier und jetzt los.« Wenn nötig, wiederhole diese Worte einige Male. Dann tauche mit einem neuen Bewusstsein aus dem Wasserkelch auf. ALLES IST MÖGLICH! Mache diese drei Worte für den Rest deines Lebens zu deinem Mantra.

WEG

Wenn du diese Karte ziehst, dann ist es an der Zeit, dir über deinen Seelenweg Gedanken zu machen. Sicher hast du dir schon oft die folgenden Fragen gestellt: Warum bin ich hier? Was ist meine Aufgabe? Was ist mein Seelenauftrag? Dies herauszufinden, dauert für gewöhnlich eine Zeit lang. Nur wer stetig auf dem rechten Weg wandelt, wird diese göttliche Wahrheit erfahren. Daher ist es sehr wichtig, uns selbst immer wieder zu überprüfen und darum zu bitten, dass wir auf jenem göttlichen Weg bleiben und ihn nicht aus den Augen verlieren. Denn wenn wir das tun, verlieren wir uns selbst. Der rosafarbene Drache trägt die Schwingung der bedingungslosen Liebe. Dieselbe Liebe schwingt auch in unseren Herzen. Und eben dort findest du den goldenen Weg deiner Seele. Doch um diesen Weg gehen zu können, braucht es die Kraft des grünen Smaragddrachen. Seine Schwingung ist Klarheit und Wahrheit. Beide Drachen möchten dich in den

nächsten Tagen leiten, damit du sicher und kraftvoll den goldenen Weg deiner Seele gehen kannst.
Meditation: Zünde dir eine grüne und eine rosa Kerze an, reinige den Raum und lege ruhige Musik auf. Schließe die Augen, und mache es dir gemütlich. Lasse dich in den Raum deines Herzens fallen. Sieh dich um. Wie sieht der innerste Raum deines Herzens aus? Rufe den Liebesdrachen und rufe den Smaragddrachen zu dir. Spüre ihre kraftvollen Energien. Sieh, wie der rosafarbene Drache tief einatmet und eine goldene Flamme speit. Dieser wunderschöne, erhabene Drache vergoldet den Raum deines Herzens und segnet damit die unendliche Kraft, die darin wohnt. Schaue tief in die Augen dieses wundervollen Wesens, und erkenne die tiefe Liebe darin. Wende dich nun dem grünen Drachen zu. Knie nieder, und bitte ihn mit deiner inneren Stimme um göttliche Klarheit und um göttliche Wahrheit. Sage mit deiner inneren Stimme: »Ich bin bereit.« Wiederhole diese Worte drei Mal. Der grüne Smaragddrache senkt sein riesiges Haupt und öffnet sein Maul. Dort, im Gaumen des Drachenmauls, kannst du drei funkelnde große Smaragde erkennen. Strecke deine Hand aus, und berühre einen davon. Lasse nun die Energien von Klarheit und Wahrheit tief in dein Herz fließen. Ein Ton, eine Vibration, hallt in

dir wider. Sage laut: »Die dienende Liebe, die göttliche Wahrheit und Klarheit leiten mich, und so wandle ich zu jeder Zeit unaufhaltsam auf dem goldenen Weg meiner Seele. Durch die Kraft der Drachen ist mein Vertrauen in mich von nun an unerschütterlich, und keine Macht der Welt kann mich von dem goldenen Weg meiner Seele abbringen. So sei es.«
Beide Drachen haben ihre Schwingen um dich gelegt. Du stehst zwischen ihnen und kannst das Schlagen beider Herzen hören. Mit jedem Schlag strömen aus ihren Herzen magische Wellen, die dich einhüllen. Genieße diesen Moment. Dann bedanke dich, öffne die Augen, und wisse, dass du von nun an zu jeder Zeit deines Lebens kraftvoll auf dem goldenen Weg deiner Seele wandelst. Mache diese Meditation insgesamt sieben Mal an aufeinanderfolgenden Tagen immer zur gleichen Uhrzeit. Dann überprüfe, ob du kraftvoll auf dem goldenen Weg deiner Seele bist. Blicke mit deinem inneren Auge auf deine Füße. Stehen sie auf einem goldenen Weg? Bitte, habe es nicht eilig. Es ist sehr wichtig, den göttlichen Weg zu finden. Was sind schon sieben Tage im Vergleich zum Alter deiner Seele!

WEISHEIT

Der silberne Monddrache bringt die Energie des Mondes zu dir. Schon immer zog der Mond uns Menschen in seinen Bann, er ist geheimnisvoll und wunderschön. Das sanfte Licht des Mondes streichelt bei Nacht unsere Haut und gibt ihr einen unwiderstehlichen Glanz. Die meisten der großen Göttinnen sind direkt mit der Mondenergie verbunden, und viele von ihnen stehen für Weisheit. Der Monddrache steht für das weibliche, abwartende Prinzip, das auf die göttliche Führung vertraut. Dieser wunderschöne Drache möchte dich lehren, dass Weisheit und Vertrauen Hand in Hand gehen. Der silberne Monddrache lehrt dich den Respekt vor allem, was ist, und dass es nichts gibt, was nicht auch eine Daseinsberechtigung hat. Dies zu verstehen, heißt Wissen in Weisheit verwandeln. Jeden Tag tun wir viele Dinge aus einem bestimmten Wissen heraus, wir kaufen z. B. unser Essen ein, weil wir wissen, dass wir irgendwann Hunger haben werden. Wir überweisen eine Rechnung, weil wir wissen, dass es unangenehme Folgen haben wird, wenn wir dies nicht tun. Doch aus Weisheit heraus handeln wir ab und an, ohne zu wissen, was wir zu tun haben – wir tun es, weil wir in uns das tiefe Vertrauen tragen, dass es so richtig ist.

Nun wird es Zeit, dass du dich für deine Weisheit öffnest. Vertraue mir, wenn ich dir sage: Alle Weisheit liegt in dir. Du glaubst zu wissen, wer du bist, doch wirklich erfahren kannst du dies nur, wenn du dich deiner göttlichen Weisheit öffnest. Mache eine Meditation bereite den Raum gut vor, reinige ihn, und zünde goldene Kerzen an. Wähle mit Bedacht einen Tag kurz vor Vollmond und die passende Musik für dieses Ritual aus. Rufe den silbernen Drachen zu dir. Stelle dir vor, wie er erhaben deinen Raum betritt. Lasse alle Begrenzungen wie das Mauerwerk deines Hauses los, sie sind eine Illusion, nur der Drache ist wirklich. Breite deine Arme aus, und öffne deine Hände. Der Drache legt dir mit seinem nächsten Ausatmen in jede Handfläche eine goldene Lichtkugel. Kreuze anschließend deine Hände, lege sie auf der Brust ab, und lasse dieses Licht in dein Herz fließen. Lasse eine große goldene Lichtkugel in deinem Herzen entstehen, und sende aus dieser Lichtkugel einen goldenen Lichtstrahl durch deinen Rücken hinaus. Sende dieses Licht zu all den Wesen, die du in der Vergangenheit einmal warst. Verbinde dich von Herz zu Herz mit all deinen vergangenen Inkarnationen, und spüre, wie viele es sind. Spüre die Kraft, und suche nach den Inkarnationen, die voller Weisheit sind. Vielleicht liegen sie sehr weit zurück, lasse dir Zeit, gehe mit deinem inneren Auge diese Ahnenreihe entlang, und hole dir deine einstige Weisheit in Form von leuchtend goldenem Licht in das Hier und Jetzt, nimm diese hohe Energie tief in dein Herz. Dann gehe mit deiner Aufmerksamkeit zurück, zur Inkarnation im Hier und Jetzt. Atme tief ein und aus, und öffne deine Augen.

Ich empfehle dir, dieses Ritual an drei aufeinanderfolgenden Tagen vor einem Vollmond zu vollziehen. In den kommenden drei Tagen mache keine Rituale und auch keine spirituelle Arbeit, damit sich die empfangene Weisheit gut verankern kann.

Trancereise

Wie ich meinen persönlichen Drachen finde

Mit dieser Trancereise kannst du deinen persönlichen Drachen finden. Am besten ist es, wenn du sie dir langsam von jemandem vorlesen lässt. Suche dir einen geeigneten Platz für diese Reise, und zünde mindestens eine Kerze an. Reinige diesen Platz mit Räucherwerk oder so, wie du es gewohnt bist. Lege eine CD ein, die sich für dich zum Meditieren und für Trancereisen gut eignet. Wähle am besten ruhige Musik ohne Gesang, die mindestens 45 Minuten lang läuft.

Solltest du einen magischen Stein besitzen, den du sonst für deine Rituale benutzt, dann nimm diesen in deine linke Hand. Ziehe einen magischen Schutzkreis um dich. Mache es dir gemütlich, lege dich hin und visualisiere, dass du blaues Licht atmest. Atme strahlendes Saphirblau ein und aus, und fülle deine Aura damit an. Tue dies einige Minuten. Mache es dir gemütlich, am besten, indem du dich flach hinlegst. Erde dich so, wie du es immer tust. Vielleicht, indem du Wurzeln aus deinen Füßen tief in die Erde wachsen lässt.

Visualisiere eine Lichtsäule, die sich neben dir aus der Erde erhebt und in die Unendlichkeit des Universums fließt. Mache dir bewusst, dass Anteile von dir auf Reisen gehen, um den Drachen zu treffen, der in nächster Zeit dein Lehrmeister sein wird. Er ist dein Seelenbegleiter seit Anbeginn der Zeit. Jetzt löse jeden lichtvollen Teil von dir, der gleich auf Reisen gehen wird, aus deinem Körper heraus, ganz langsam. Dein Gesicht löst sich aus deinem Gesicht, deine Schultern lösen sich aus deinen Schultern, dein Rumpf setzt sich auf, dein Gesäß löst sich aus deinem Gesäß und du stehst auf. Die lichtvollen Anteile von dir stehen jetzt neben deinem Körper. Mache dir das bewusst, und schaue dich an, wie du daliegst. Dein Körper ist durch das saphirblaue Licht oder durch deinen magischen Schutzkreis geschützt, du kannst ihn getrost zurücklassen. Gehe mit dem Wissen in die Lichtsäule, dass du bald deinen Drachen sehen wirst. Spüre den Sog, der dich erfasst, und nach oben in die Lichtsäule zieht. Gib dich diesem Sog hin. Schwebe nach oben, leicht wie eine Feder im Wind, umhüllt von weißem, leuchtendem Licht, immer höher und höher. Getragen wie von Hunderten von Engelshänden. Dann mache einen Schritt aus der Lichtsäule heraus. Du stehst in einem grünen Tal, auf einem sanften Hügel. Direkt neben deiner Lichtsäule steht ein Baum. Sieh ihn dir genau an. Was ist es für ein Baum? Trägt er Laub, Blüten oder vielleicht Früchte? Schaue dir diesen Baum genau an, und dann sieh hinunter auf deine Füße. Konzentriere dich auf sie, das ist wichtig für das Ankommen. Spüre den Boden unter deinen Füßen, und spiele mit den Zehen im Gras. Nimm wahr, wie du fest auf dem Boden stehst. Sieh dich um, und nimm den blauen Himmel über dir wahr, es ist Sommer.

Laufe los, gehe den sanften Hügel hinunter. Du kommst zu einem schmalen Pfad. Gehe nach links und folge ihm. Er führt dich durch ein Tal. Ein kleiner Bach, lustig plätschernd, kreuzt den Pfad, und du musst einen Sprung machen, um auf die andere Seite zu gelangen – hüpf! Gehe weiter. Du gelangst zu einem lichten jungen Wald. Du gehst in diesen wunderschönen Wald hinein. Du nimmst die Lichtkegel wahr, die die warme Sonne durch das Blätterdach fallen lässt. Du kommst an einem alten Baumstumpf vorbei, den du hier nicht erwartet hättest. Sieh ihn dir an. Einst hat ein Blitz in diesen alten, ehrwürdigen Baum eingeschlagen und eine bizarre Skulptur hinterlassen. Eine Skulptur Gottes — wunderschön.

Folge weiter dem Pfad, der Wald wird dichter und älter. In diesem magischen alten Wald ist die Luft belebend und würzig. Gehe immer tiefer in den Wald hinein, immer entlang dem Pfad. An einer Felswand, die meterhoch vor dir aufragt, endet der Pfad plötzlich. Lege deine rechte Hand auf den kühlen Fels, und gehe weiter an der Wand entlang. Berühre dabei mit den Fingerspitzen deiner rechten Hand den Fels. Mache dir noch einmal bewusst, dass du hier bist, um deinen Dachen zu treffen. Er ist schon ganz nah. Spüre die Aufregung, die freudige Anspannung in deinem Herzen. Gehe immer weiter an der Felswand entlang. Nach einer Weile kommst du an eine kleine, enge Schlucht. Du kannst hoch über dir einen Streifen des blauen Sommerhimmels sehen, und in deinem Herzen spürst du die Energie deines Drachen. Du weißt, du musst den Fels hinaufklettern. Wurzelwerk und hervorstehende Steine helfen dir. Klettere nach oben, und ziehe dich dann aus der Schlucht heraus. Du stehst jetzt auf einem Hochplateau und kannst weit in das Tal blicken. Du erkennst den Pfad, den du gekommen bist, den Bach, den Baum und die Lichtsäule, die auf dich wartet. Stehe ganz ruhig, und blicke in den blauen Himmel. Dein Drache wird sich dir von hinten nähern. Du drehst dich nicht um, der Drache nimmt den Kontakt auf. Bleibe ganz ruhig stehen und warte. Rufe dann mit deiner inneren Stimme: »Ich bin bereit!« Wiederhole diese Worte noch zwei Mal.

Und nun spüre den heißen Luftzug hinter dir, drehe dich nicht um. Konzentriere dich auf dein Herz, lasse Liebe fließen. Der heiße Atem deines Drachen ist jetzt ganz deutlich auf deinem Rücken spürbar. Bleibe ruhig stehen. Dein Drache ist hinter dir. Spüre seine Präsenz, spüre seine kraftvolle, heiße Energie. Er steht ganz dicht hinter dir, du spürst sein Herz. Sage ihm mit deiner inneren Stimme, dass du bereit bist. Er berührt dich sanft an deiner rechten Schulter. Dies ist das Zeichen.
Mache einige Schritte nach vorne, und dann drehe dich um. Schaue dir deinen Drachen in seiner gigantischen Größe an, seine machtvolle Ausstrahlung. Nimm dir Zeit, blicke auf seine Vorderbeine, auf seine breite Brust. Hebe den Kopf, und schaue nach oben, sieh dir seinen Kopf genau an. Der Drache senkt sein mächtiges Haupt zu dir herunter, und jetzt blicke in seine Augen, und erkenne die unendliche Liebe darin. Dies ist dein Drache, dein Gefährte. Spüre die tiefe Liebe zwischen euch.
Schaue ihn ganz genau an, den geschwungenen Hals, den Rücken, die Hinterbeine, die mächtigen Flügel. Gehe langsam um deinen Drachen herum, und schau ihn dir an, bis zur Schwanzspitze.
Wenn du dies getan hast, dann stelle dich vor deinen Drachen, schaue auf seine Brust. Sieh, wie sich auf sei-

ner Brust ein silberner Energiewirbel bildet, und nun sieh, wie sich eine silberne lichtvolle Schnur aus diesem Wirbel herauslöst und auf dich zukommt. Es ist so weit. Lasse auch in deinem Herzen einen silbernen Energiewirbel entstehen, und löse auch du eine lichtvolle Schnur aus deinem Herzen heraus. Diese beiden silbernen Schnüre treffen sich in der Mitte zwischen euch, schlängeln sich spiralförmig umeinander und fließen aneinander entlang. Jetzt öffne dein Herz ganz weit, und nimm die silberne Schnur der Liebe aus dem Herzen deines Drachen in dich auf. Spüre diese unendliche Liebe, die älter ist als alles Leben, eine Liebe aus einer anderen Zeit, älter als Lady Gaia, kraftvoll und rein. Auch dein Drache öffnet sein Herz und nimmt die silberne Schnur aus deinem Herzen in sich auf. Deine Liebe durchflutet ihn. Siehe, wie er seinen Kopf nach oben wirft, und höre den Schrei deines Drachen. Er breitet seine Flügel für dich aus. Spüre sein Glück, spüre die Worte in seinem Herzen: »Mein Reiter ist zurück!«

Die silberne Schnur der Liebe kann von niemandem getrennt werden, ihr seid vereint für die Ewigkeit. Das Bündnis ist erneuert. Beide zieht ihr die silberne Schnur langsam und vorsichtig zurück. Es wird Zeit für die Rückreise. Verabschiede dich für diesen Moment von deinem

Drachen. Verabschiede dich so, wie es für dich richtig erscheint, mit einer Verbeugung, einer Umarmung oder vielleicht sogar mit einem Kuss.

Gehe zur Felsspalte und klettere wieder hinunter. Es wird Zeit für die Rückreise, zurück, zurück …

Wenn du unten angekommen bist, strecke deine linke Hand aus, und berühre den kühlen Stein der Felswand. Gehe an der Felswand entlang, und spüre den Stein an den Fingerspitzen deiner linken Hand. Vor dir kannst du nun den Pfad erkennen. Er führt dich in den alten, dichten Wald hinein. Spüre die allgegenwärtige Magie, die dich umgibt. Der Wald wird jetzt lichter und jünger, und der Weg führt dich erneut an dem alten Baumstumpf vorbei, in den einst ein Blitz eingeschlagen hat. Gehe weiter den Pfad entlang, und verlasse den Wald. Folge dem Weg durch das grüne Tal, springe erneut über den schmalen Bach. Gehe den sanften Hügel hinauf, hin zur Lichtsäule, sie wartet auf dich.

Blicke kurz nach oben in den blauen Sommerhimmel, und sieh, wie dein Drache hoch oben majestätisch, erhaben und kraftvoll dahingleitet. Ihr seid vereint für die Ewigkeit. Jetzt mache einen Schritt in die Lichtsäule hinein, und gib dich dem Sog hin, der dich sogleich erfasst und nach unten zieht. Lasse dich fallen, und gib dich diesem weißen leuchtenden Licht hin. Sanft schwebst du nach unten, immer tiefer und tiefer. Leicht wie eine Feder im Wind, umgeben von weißem Licht. Mache jetzt einen Schritt aus der Säule heraus, und komme ganz im Hier und Jetzt an. Die Anteile von dir, die auf Reisen waren, legen sich sachte und langsam in den Körper zurück. Spüre, wie sie sich wieder mit deinem Körper verbinden. Atme einige tiefe Atemzüge, und wenn du so weit bist, dann öffne deine Augen für eine neue Zukunft. Eine Zukunft mit einem Drachen an deiner Seite, frei von Angst, und erfüllt von Liebe, Weisheit und MAGIE. Mache dich bereit, für eine Zeit voller Wunder.

Danksagung:

… ein Wort des Dankes und höchster Anerkennung! Es ist uns ein tiefer Herzenswunsch, Anja Kostka für die unglaublich schönen Bilder zu danken. Anja hat die Bilder zu meinen Texten ins Leben gerufen, und mit viel Gefühl die einzelnen Themen der Karten umgesetzt. Gerne kann bei Interesse ein Kunstdruck bei Anja bestellt werden.

Von Herz zu Herz

Arana & Black

Weitere Informationen zur Künstlerin findest du unter: www.anja-kostka.de

Über die Autorin:

Christine Arana Fader wurde im Jahr 2000 von der Geistigen Welt mit der Drachenenergie verbunden. Zehn Jahre lang wurde sie von lichtvollen Wesen und den Drachen geschult, bis sie 2010 mit ihrer Arbeit an die Öffentlichkeit ging.

Seitdem hat sie sich mit ihrer Drachenarbeit einen Namen gemacht und ist daher heute vielen als »die Drachenfrau« bekannt. Mit großer Hingabe und Liebe bringt sie den Menschen in ihren Workshops die Energie der Drachen und Avalon nahe, über die sie nun auch literarisch berichtet. Sie eröffnet dadurch ein Verständnis davon, dass jeder seine eigene Magie in sich trägt, jenen inneren Zauber, der jetzt für unsere neue Welt erwachen darf.

Weitere Informationen zur Autorin findest du unter: www.goldkamille.de